DE L'IMPRESSIONNISME À L'EXPRESSIONNISME

ÉLISABETH LIÈVRE-CROSSON

D0711035

Sommaire

Les mots suivis d'un astérisque (*) sont expliqués dans le glossaire.

« *Tant de gens aiment la peinture plate et lisse qu'il faut croire que les yeux sont moins sensibles que les oreilles.* »
Paul Signac, 1899.

Le Cri, Edvard Munch, 1893, Oslo, Norvège.

L'Art de la sensation

C'est une chose d'imaginer le monde, de le concevoir à partir de l'image que l'on s'en fait et d'en donner une représentation construite. C'est une autre chose de se contenter de le percevoir et de transcrire d'instinct ses perceptions spontanées. Car « percevoir » c'est recevoir un certain nombre d'impressions, c'est « saisir par les sens » et donc comprendre et peindre le monde de façon intuitive.

En peinture, ce processus entamé dès 1865 par les impressionnistes se traduit par une libération du geste et de la couleur. Cette révolution sera irréversible : néo-impressionnisme, fauvisme, expressionnisme allemand prendront le relais, jusqu'à aboutir, vers 1947, à l'abstraction expressionniste en France et aux États-Unis.

De l'impressionnisme (impression reçue) à l'expressionnisme (impression vécue), cet ouvrage résume l'histoire du combat de ces artistes essentiellement attentifs à leurs perceptions, qui, de Claude Monet à Jackson Pollock et Marc Rothko ont décodé le monde comme nul autre avant eux.

Avertissement
Afin de situer les artistes et les styles mentionnés, il est conseillé de se reporter à la rétrospective historique (*voir* pp. 58-59).

1863, un tournant décisif

Comment espérer que l'art continue de s'en référer à un passé moribond ? En 1863, la nécessité d'une rupture s'officialise et le romantisme disparaît avec Delacroix.

Décalage

« *Ce siècle ne vit pas dans ses meubles.* » Jean Clay.

Le Salon officiel

À Paris, durant tout le XIXᵉ siècle, le Salon* domine la vie artistique, culturelle et sociale. Bastion des principes esthétiques de l'Académie des beaux-arts, il reflète le goût officiel du moment. Les galeries privées se faisant rares, l'événement est très attendu par les artistes, d'autant que la consécration officielle est le seul moyen de vivre de son art. L'admission au Salon dépend du jury désigné par l'Académie. Lors du Salon de 1863, sa sévérité est telle qu'elle soulève des tollés d'indignation. Sur les 5 000 tableaux présentés, seuls

Cabanel, *Naissance de Vénus* (1863, musée d'Orsay). Exemple type du goût officiel sous le second Empire, ce tableau immédiatement acheté par Napoléon III provoqua les sarcasmes des peintres opposés à l'académisme*.

2 000 sont admis et la palme revient à Amaury-Duval, *Naissance de Vénus* (musée de Lille), à Baudry, *La Perle et la Vague*, et à Cabanel, *La Naissance de Vénus*.

L'érotisme de ces nus alanguis, assortis d'angelots et de coquillages, correspond au goût bourgeois du second Empire (1852-1870). Il reflète aussi l'hypocrisie de l'époque, qui fantasme sur le nu en s'abritant derrière le mythe Vénus ! Comme ses pairs de *l'establishment*, Napoléon III salue la beauté

naissance de la peinture moderne | œil impressionniste | optique néo-impressionniste

éternelle, l'influence de la statuaire grecque, la perfection graphique, la facture léchée, la matière vitrifiée. Pour les « refusés », le salon des « Trois Vénus » incarne décidément des idéaux moribonds.

Le Salon des refusés

Parmi les « refusés », le fameux tableau *Le Déjeuner sur l'herbe* de Manet, objet de tous les sarcasmes (*voir* pp. 6-7). Pour calmer les esprits et passant outre les protestations de l'Administration qui considère « les déclassés » comme un danger social, Napoléon III, voulant laisser le public juge de la légitimité des nombreuses réclamations qu'il a reçues, décide d'ouvrir au palais de l'Industrie un Salon des refusés à côté du Salon officiel. Cette fois la rupture entre le goût bourgeois et l'art vivant est proclamée publiquement et la presse se déchaîne. Un nouveau règlement du salon est promulgué : il sera annuel (et non bisannuel), le jury sera composé pour trois quarts de membres élus par les artistes exposants et récompensés, pour un quart par des membres de l'Administration. Les envois jugés trop faibles pourront figurer dans des galeries spéciales. Ce règlement consacre donc la suppression de la mainmise de l'Institut.

Hommage à Delacroix

Le scandale du Salon de 1863 coïncide avec la mort de Delacroix survenue à Paris, le 13 août. Le héros du romantisme emporte avec lui sa vision tourmentée, mais laisse en héritage le culte de l'individualisme et de la liberté. En 1864, Fantin-Latour peint un *Hommage à Delacroix* présentant un portrait du maître entouré de ses admirateurs dont Baudelaire, les défenseurs du réalisme (Duranty, Champfleury) et les peintres Manet, Whistler et Fantin lui-même... En 1899, Signac dans son essai *D'Eugène Delacroix au néo-impressionnisme* analyse l'influence des intuitions techniques du peintre dans le domaine de la couleur sur l'impressionnisme et ses suites (*voir* pp. 22-23).

1863, une date qui fait date

Ingres achève *Le Bain turc* – Baudelaire définit *Le Peintre de la vie moderne* – le photographe Nadar réalise à bord de son ballon *Le Géant* les premiers clichés en altitude.

La peinture moderne naît en 1863 d'une rupture (le Salon officiel), d'un commencement (le Salon des refusés) et d'une fin (la mort de Delacroix).

Le Déjeuner sur l'herbe (Le Bain)

Édouard Manet (1863)

Huile sur toile (2,08 x 2,64 m),
musée d'Orsay.

Une nouvelle manière de peindre

« Cet audacieux dont on s'est moqué, a des procédés fort sages (...). Il parle une langue faite de simplicité et de justesse. »
Émile Zola.

Impressions intenses

« Le talent de Manet a un côté de décision, quelque chose de tranchant, de sobre et d'énergique qui explique sa nature (...) sensible aux impressions intenses. »
Zacharie Astruc, (amateur d'art, ami des impressionnistes).

Réflexes

« Manet a été le premier à agir par réflexes, et à simplifier ainsi le métier de peintre... n'exprimant que ce qui touchait ses sens immédiatement. »
Henri Matisse.

Histoire

« Il paraît qu'il faut que je fasse un nu. Eh bien, je vais leur faire un nu ! » déclare Manet, constatant que le nu est nécessaire au succès. En 1863, face aux trois « Vénus » du Salon (*voir* pp. 4-5), celui de Manet exposé avec les « refusés » provoque un vrai scandale. Initialement intitulée *Le Bain*, l'œuvre renvoie aux vrais corps de femme des *Baigneuses* de Courbet (1819-1877), mais le dépasse en audace. Car si Manet a sacrifié au nu par nécessité, c'est pour le révolutionner. Le sujet déroute autant que la facture. Le nu réaliste parmi des hommes habillés choque, de même que l'absence de modelé et de perspective, les couleurs plates, les contrastes violents et le manque de fini. Manet connaît son métier de peintre, mais renouveler la peinture suppose d'en renouveler le langage. Le regard du nu prend le spectateur à témoin : l'académisme* a fait son temps. En 1867, Manet rebaptise *Le Bain* en *Déjeuner sur l'herbe*, s'appropriant le titre du tableau de Claude Monet peint en 1865-66 (*voir* pp. 8-9), afin de rappeler qu'il est le pionnier du genre.

Tableau

Manet a conçu son tableau en s'inspirant de deux œuvres du XVIᵉ siècle : *Le Concert champêtre* de Titien et une gravure de Marc Antoine Raimondi, d'après *Le Jugement de Pâris* de Raphaël. Son idée : actualiser le thème du nu dans un paysage, simplifier la peinture. Les personnages s'inscrivent dans un schéma pyramidal classique, mais aucune allusion mythologique ici, et rien d'idyllique. Manet peint un pique-nique entre amis : son futur beau-frère et l'un de ses frères entourent

le modèle Victorine Meurent. Les figures tranchent sur le paysage. À gauche, le peintre suggère une profondeur, à droite il la refuse en laissant le fond à l'état d'esquisse. Au premier plan, un panier de victuailles modelé « à l'ancienne ». L'ensemble est peint par masses, alternant les taches claires et sombres comme dans l'art des estampes japonaises.

Hommage
« *La peinture commence à Manet.* »
Paul Gauguin.

Commentaire

« *J'ai horreur de ce qui est inutile. La cuisine de la peinture nous a pervertis. Comment s'en débarrasser ? Qui nous rendra le simple et le clair ? Qui nous délivrera du tarabis-cotage ?* » s'interroge Manet qui conclut : « *Il n'y a qu'une chose de vrai : faire du premier coup d'œil ce que l'on voit.* » Franc et direct, le tableau veut exprimer « *l'héroïsme de la vie moderne* » telle que la définit Baudelaire : « *Celui-là sera le peintre, le vrai peintre, qui saura arracher à la vie actuelle son côté épique ; et nous faire voir et com-prendre, avec de la couleur et du dessin, combien nous sommes grands et poétiques dans nos cravates et nos bottines vernies.* » En 1863, Manet releva ce défi.

En 1863, avec *Le Déjeuner sur l'herbe*, Édouard Manet (1832-1883) combat, sur son terrain, une tradition picturale devenue désuète.

réaction expressionniste   abstraction expressionniste   approfondir

De l'impressionnisme à l'expressionnisme

Une nouvelle perception du réel

Les peintres modernes conjuguent le temps présent. « *À dater de 1863, l'histoire de la peinture sera celle d'une perception et non pas d'un imaginaire* », déclare Gaëtan Picon.

Claude Monet,
Le Déjeuner sur l'herbe,
(fragment de la partie centrale), huile
sur toile, 1865-66,
musée d'Orsay.
Sujet : les effets
de la lumière filtrée
par le feuillage.
(Ce grand tableau
2,48 x 2,17 m, jamais
achevé, détérioré par
l'humidité, fut coupé
par Monet en trois
morceaux. L'ébauche
complète est
conservée au musée
Pouchkine, Moscou).

La réalité moderne

Dans les années 1860, le monde est en pleine mutation, en proie à une accélération constante dans les domaines scientifiques et techniques : à titre d'exemple, Claude Bernard invente la médecine expérimentale, Pierre Larousse publie son *Dictionnaire Universel*, Alfred Nobel invente la dynamite, Pierre et Ernest Michaux construisent la première moto à vapeur, Charles Cros découvre un procédé de photographie couleur et Jules Verne décrit l'apesanteur dans *De la Terre à la Lune*... « *Qu'est-il besoin de remonter dans l'histoire, de se réfugier dans la légende, de compulser les registres de l'imagination ? La beauté est sous les yeux, non dans la cervelle ; dans le présent, non dans le passé ; dans la vérité, non dans le rêve ; dans la vie, non dans la mort. L'univers que nous avons là, devant nous, est celui-là même que le peintre doit traduire* », note le critique Jules-Antoine Castagnary (1892).

Saisir le réel

Le désir de peindre le temps présent, de restituer l'idée de vie et de mouvement, conduit les peintres à percevoir autrement le réel. Aussitôt sortis de leur atelier, ils vérifient que le monde extérieur est

naissance de la peinture moderne | œil impressionniste | optique néo-impressionniste

un monde en couleurs, « *que le réel n'est pas inerte et muet, mais vivant et parsemé de signes* » (Bertrand Vergely). Le tableau de Manet *La Musique aux Tuileries* (1862) ne dit pas autre chose. À cet égard, il est le premier véritable tableau de la peinture moderne. Pour rendre les flonflons de la fanfare et le grouillement de la foule, Manet fait papilloter des taches de couleur. Il expérimente la remarque de Baudelaire dans *Le Peintre de la vie moderne* : « *Il y a dans la vie triviale, dans la métamorphose journalière des choses extérieures un mouvement rapide qui commande à l'artiste une vélocité d'exécution.* » Mais c'est Monet qui montrera le plus de détermination à restituer au plus près ses perceptions fugitives, en refusant systématiquement la peinture uniforme. En 1865, il s'attaque au grand format, réservé à la peinture d'histoire, pour représenter une scène de genre, un « Déjeuner sur l'herbe » réalisé à partir d'esquisses très poussées dans la nature. À la fois hommage et défi à Manet, l'œuvre libérée de la contrainte du nu est plus réaliste et plus contemporaine. Pourtant Monet s'est inspiré du *Pèlerinage à l'île de Cythère* de Watteau (1717).

Le mouvement du temps

Finalement, les jeunes artistes vont oublier de réactualiser le passé et se concentrer sur la vie présente. Ils s'installent en plein air, s'exercent à peindre sur le motif, et observent que les objets sont soumis aux variations de la lumière selon le climat, la saison, l'heure. Attentifs au spectacle de la nature, ils prennent conscience en peinture du temps qui s'écoule, du caractère temporel des choses. Ce sentiment d'un devenir permanent, les artistes japonais lui ont donné un nom, l'*Ukiyo-e*, qui signifie « monde flottant », ou « monde changeant ». Cet art diffusé en France par les estampes enthousiasme et encourage les peintres à s'en remettre à leurs seules perceptions.

Le sens exact des choses

Ces peintres « *tâchent avant tout de pénétrer le sens exact des choses ; ils ne se contentent pas de trompe-l'œil ridicules ; ils interprètent leur époque en hommes qui la sentent vivre en eux (...) Leurs œuvres sont vivantes parce qu'ils les ont prises dans la vie et qu'ils les ont peintes avec tout l'amour qu'ils éprouvent pour les sujets modernes. Parmi ces peintres, au premier rang, je citerai Claude Monet* ».
Émile Zola, 1868.

Faire du premier coup d'œil ce que l'on voit, c'est refuser l'imaginaire traditionnel, saisir la réalité présente, traduire le mouvement du temps.

---

réaction expressionniste | abstraction expressionniste | approfondir

La révolution impressionniste

Pour peindre la vie, il était nécessaire de se délivrer du carcan du dessin et de la couleur uniforme. L'histoire technique de cette révolution commence dans la peinture de paysage.

Autour de Monet en 1874

Boudin, Cézanne, Degas, Guillaumin, Berthe Morisot, Renoir, Alfred Sisley...

Les origines

Déjà au XVII⁰ siècle, la touche tremblée de Frans Hals, la touche morcelée de Vélazquez et des derniers Rembrandt voulaient donner plus de vie aux figures... Mais l'histoire « technique » de la nouvelle peinture commence au XIX⁰ siècle avec le paysage lorsqu'il devient un sujet à part entière. Les études sur le motif réalisées à l'aquarelle permettaient de saisir l'essentiel d'un site, recomposé ensuite à l'huile dans l'atelier. Suivant l'exemple de l'Anglais Constable qui transpose à l'huile la technique de l'aquarelle (*La Charrette de foin*, 1821), les peintres de Barbizon* allègent leur touche et usent de taches colorées pour rendre leurs paysages plus réalistes (Rousseau, Dupré, Daubigny, Diaz de la Peña). À partir de 1850, les paysages oniriques de Corot sont parsemés de petites taches de blanc de céruse qui leur donnent une apparence floconneuse. Dans *Les Hauteurs de Dieppe* (1852), Delacroix use de touches de couleur pure en pointillé pour représenter les reflets sur l'eau. Ces expériences ponctuelles seront déterminantes sur les précurseurs de l'impressionnisme.

L'invention du tube de couleur

La peinture sur le motif (en extérieur ou de plein air) fut rendue possible grâce à l'invention du tube de couleur (vers 1840).

Les précurseurs et Claude Monet

Adeptes d'une peinture à l'huile « sur le motif », les Français Charles Daubigny, Eugène Boudin et le Hollandais Jongkind cessent de tracer les contours des objets pour restituer les effets atmosphériques. Claude Monet leur doit tout. À Boudin, l'apprentissage de la peinture en plein air, à Daubigny son idée d'un bateau-atelier et celle de peindre un grand format en extérieur, à Jongkind, « l'éducation de son œil ». En vue du Salon de 1867, Monet

naissance de la peinture moderne | œil impressionniste | optique néo-impressionniste

réalise, intégralement en extérieur, un tableau de 2,55 x 1,05 m : *Femmes au jardin*. L'impression presque palpable de la lumière, de l'air et du soleil, les couleurs éclatantes, les contrastes tranchés des ombres traitées comme des motifs et le sentiment d'instantanéité annoncent la révolution picturale qui se prépare.

Claude Monet, *Impression, soleil levant* (1872, musée Marmottan). Le soleil et son reflet dans la brume évoque les compositions vaporeuses du peintre anglais William Turner (1775-1851). L'eau et le ciel se confondent dans une « impression » atmosphérique instantanée.

L'œuvre est refusée. Alors Monet se rend à Bougival avec Renoir pour peindre *La Grenouillère* : « *Ce que je ferai ici aura au moins le mérite de ne ressembler à personne, parce que ce sera l'impression de ce que j'aurai ressenti, moi tout seul.* » Leurs tableaux respectifs, instinctifs et spontanés, nés directement de leur observation des reflets dans l'eau, les conduisent à fragmenter le motif en petites taches de couleur pure sur toute la surface de la toile. L'impressionnisme naît à ce moment-là, en 1869, lorsque les peintres adaptent leur technique à leurs sujets.

Le mouvement

En 1870, la guerre et la Commune dispersent les adeptes de la nouvelle peinture réunis autour de Monet et de Pissarro, qui s'exilent à Londres où ils découvrent la peinture de Turner (*Pluie, vapeur, vitesse*, 1843). En 1872, à son retour en France, en passant par Le Havre, Monet peint *Impression, soleil levant* où, suivant l'exemple du peintre anglais, il achève de dissoudre le contour des formes. La toile, exposée en 1874 chez le photographe Nadar, à la première manifestation du groupe, suggère à un critique malveillant l'épithète d'« impressionniste ». Sous cette appellation qu'ils font leur, les artistes organiseront sept expositions, (la dernière aura lieu en 1886, année de la dissolution du mouvement).

La révolution picturale initiée par Claude Monet consiste à libérer la peinture des contraintes du dessin pour mieux restituer ses impressions.

Les principes et leur application

C'est l'œil qui dicte à la main. « *L'œil, une main* », aimait à dire Manet qui emboîte le pas aux impressionnistes dès 1873.

Auguste Renoir,
La Balançoire (1876),
musée d'Orsay.
Des taches claires
et sombres ponctuent
le sol et les figures.
Les formes
se dissolvent pour
restituer l'idée
d'une vibration
colorée. « *Sans Monet,
j'aurais renoncé* »,
avoue Renoir.

Les principes

La nouvelle peinture qui tente de peindre le temps, de saisir le fugitif, s'en remet à la rapidité du geste. Pour donner forme à l'insaisissable, le peintre abandonne la ligne dessinée pour le trait esquissé, les aplats de couleur pour les taches, la peinture lisse pour les effets de matière. Il ne construit plus son tableau, il improvise. Cette peinture de l'instant efface tout ce qui définit et immobilise. Elle se fait trace, signe, éclat de peinture. Au final, l'image peinte se rapproche du naturel ; de loin on y retrouve le monde, de près on ne l'y reconnaît pas.

Les petites touches de couleur se mélangent optiquement à distance, restituant l'idée d'une réalité en infini changement. Cet art n'est en rien « cosa mentale », il ne recherche pas à restructurer le monde par l'intellect, il obéit au trajet de la perception de l'œil, au geste pictural. Son point de départ est strictement physiologique.

Application

L'impressionnisme est avant tout une expression individuelle. Chacun applique ses principes comme il l'entend. Parmi ses principaux acteurs : Pissarro (1830-1903), Monet (1840-1926) et Renoir (1841-1919). Doyen de l'impressionnisme, Camille Pissarro a une prédilection pour les paysages rustiques, comme *Moisson à Montfoucault*, 1876. Il peint les aspects changeants du sol et de la nature à la campagne. Il aime les compositions structurées, géométriques, et choisit ses sujets en conséquence : le motif d'une route en diagonale, les ombres portées d'une rangée de peupliers sur un champ (*Gelée blanche*, 1873), un rideau d'arbres au début du printemps devant des maisons (*Les Toits rouges*, 1877). Il façonne comme un maçon dans l'épaisseur de la matière. « *Vous êtes un maladroit, monsieur – vous êtes un artiste que j'aime* », lui écrit Zola. Parmi ses principaux disciples : Guillaumin, Cézanne (*La Maison du pendu*, 1873) et Gauguin.

Auguste Renoir prolonge au XIXe siècle la peinture sensuelle et voluptueuse de Rubens, Fragonard, Boucher et Delacroix. Il applique les principes impressionnistes à la figure humaine et au nu féminin. Dans ses tableaux de 1876, *Le Moulin de la Galette, La Balançoire, Torse de femme au soleil*, la lumière se disperse çà et là, menaçant l'unité des figures. Elle ne respecte ni leurs contours ni leurs couleurs. Les touches superposées et fondues brouillent les limites précises et créent des espaces informes. Le refus de la perspective traditionnelle tend à ramener les formes à la surface.

Chef de file de l'impressionnisme, Claude Monet peint de purs instants atmosphériques. Amoureux de l'eau et surtout de la lumière, il entreprend de peindre plusieurs versions d'un même thème sous divers éclairages : (*Gare Saint-Lazare*, 1877). Il systématisera l'idée des séries à partir des années 1880 et portera l'impressionnisme jusqu'à ses plus extrêmes limites à Giverny (*voir* pp. 40-41).

Pour Cézanne, « *Monet, ce n'est qu'un œil, mais quel œil !* »

Expositions impressionnistes

Y ont également participé : Edgar Degas, Paul Cézanne, Alfred Sisley, Berthe Morisot, Mary Cassat, Armand Guillaumin, Gustave Caillebotte, Paul Gauguin (1880), Georges Seurat (1886).

Le groupe

L'impressionnisme connaît son apogée dans les années 1870. À la mort de Manet, en 1883, le groupe se disperse. Chacun s'orientera vers sa propre voie en conservant le culte de la nature et de la liberté.

Pour tous, « la vue remplace la vision », écrit Mallarmé. Parmi les principaux impressionnistes à appliquer ce principe : Pissarro, Renoir, Monet.

réaction expressionniste   abstraction expressionniste   approfondir

De la perception à la sensation

De la perception à la sensation, les impressions du peintre sont conditionnées par son expérience du plein air, du japonisme et de la photographie.

La couleur vibrante

La peinture de plein air suppose la reproduction exacte de ce que l'on a devant soi. Le regard attentif du peintre, sensible aux variations de la lumière, a sacrifié bien souvent le sujet, n'y voyant finalement qu'un motif, un prétexte à exprimer ses impressions ressenties devant l'éphémère. Il observe que les couleurs ne sont pas la propriété des choses, qu'il n'y a pas de ton local*, que toute couleur perçue appelle sa complémentaire (par exemple un rouge, le vert), que l'ombre n'est pas noire puisqu'elle obéit aux lois du reflet, que le monde est un jeu perpétuel de couleurs… Le peintre rejoint alors à son insu les découvertes scientifiques du chimiste Eugène Chevreul (1786-1889), parues en 1839 dans son ouvrage capital : *De la loi du contraste simultané des couleurs et de l'assortiment des objets colorés d'après cette loi dans ses rapports avec la peinture.*

Le japonisme

Dans le même temps, le peintre trouve dans le style japonisant absolument antinaturaliste une invitation à user de couleurs éclatantes, à supprimer les ombres, à simplifier les formes, à adopter la perspective à vol d'oiseau, à affirmer la planéité de la surface. La nouvelle peinture trouve dans les estampes d'Hiroshige et d'Hokusai, qui inondent le marché parisien, des modèles qui répondent à son désir d'impressions neuves, une confirmation de la nécessité d'aller à l'essentiel, de saisir promptement les choses et un encouragement à oser le faire.

naissance de la peinture moderne | œil impressionniste | optique néo-impressionniste

Claude Monet, *La Rue Montorgueil à Paris, fête du 30 juin 1878* (1878), musée d'Orsay. Monet suggère à l'aide de la couleur et d'une touche rapide, le mouvement des drapeaux, la foule, la confusion. De près les formes se brouillent, de loin elles se reconstituent.

La photographie

À la photographie enfin, le peintre emprunte ses effets optiques et ses compositions acrobatiques : la réduction des paysages à des surfaces, les cadrages audacieux, les points de vue plongeants ou en contre-plongée, les raccourcis, les gros plans, les instantanés et les vues aériennes (apparus vers 1863). Mais si la photographie enregistre impartialement tout ce qui entre dans le champ de son objectif, l'artiste se sert de ses yeux en toute partialité.

De la perception à la sensation

Tout ce qu'il perçoit sur le motif (la lumière, l'air, le vent, le temps), l'émotion que cela lui provoque, ses sensations colorées vérifiées par Chevreul et son sentiment d'un monde en devenir permanent se trouvent renforcés, vivifiés par ce qu'il sait de l'art japonisant et des nouveaux espaces photographiques. Si le point de départ est purement physiologique, le point d'arrivée est purement subjectif. « *Voici un art qui a conféré à la lumière le pouvoir absolu sur le monde, mais pour lui faire éclairer la fugacité de toutes choses en ce monde* », constate l'historien d'art Jean Cassou.

En quête de vérité et d'impressions neuves, l'œil impressionniste, éduqué à saisir l'insaisissable, est conforté dans son parti pris visuel par Chevreul, le japonisme et la photographie.

réaction expressionniste   abstraction expressionniste   approfondir

Le Tub

Edgar Degas (vers 1886)

Pastel (60 x 83 cm),
musée d'Orsay.

Histoire

Parmi les impressionnistes, Degas est un cas à part. « *Il vous faut la vie naturelle, moi la vie factice* », leur dit-il, « *l'ennui me gagne vite à contempler la nature* ». Ses thèmes de prédilection sont les champs de course, les ballets, les cafés-concerts. Mais son goût pour la psychologie et l'intimité des êtres le pousse à peindre la face cachée de cette vie artificielle : solitude des buveurs d'absinthe, fatigue des danseuses dans les coulisses, hébétude des repasseuses… Au thème de la femme à sa toilette, il consacre le meilleur de son art. « *Jusqu'à présent, le nu avait toujours été représenté dans des poses qui supposent un public. Mais mes femmes sont des gens simples… Je les montre sans coquetterie, à l'état de bêtes qui se nettoient.* » En 1886, à la dernière exposition impressionniste, il expose un ensemble de pastels sous le titre : « *Série de nus, de femmes se baignant, se lavant, s'essuyant, se peignant ou se faisant peigner.* » L'ensemble évoque la décomposition du mouvement des instantanés photographiques sur la locomotion de l'homme et de l'animal, que le photographe anglais Muybridge réalise à la fin des années 1870. Parmi ces nus, *Le Tub*.

Tableau

« *C'est comme si vous regardiez par le trou de la serrure* », nous dit le peintre qui nous invite à le rejoindre dans son rôle de voyeur. Accroupie dans une bassine peu profonde (un tub), une femme se contorsionne pour se frotter avec une éponge. La vue exagérément plongeante divise la scène en deux parties trapézoïdales inégales. La surface à droite reprend en le soulignant l'axe du bras gauche. Sur ce plan incliné qui remonte à la surface du tableau, quelques accessoires de toilette défiant la pesanteur. L'anse du pot

naissance de la peinture moderne | œil impressionniste | optique néo-impressionniste

en cuivre et le manche de la brosse à cheveux appartiennent aux deux espaces, incitant le regard à passer d'un côté à l'autre. Degas, grand amateur d'estampes japonaises et de photographie, s'inspire de leurs compositions acrobatiques : il désaxe le point de vue central, fractionne le champ visuel, tasse les formes, ramène tout au plan.

Commentaire

Degas est resté fidèle au dessin toute sa vie. « *Aucun art n'est si peu spontané que le mien* », dit-il, « cuisinant » toutes les textures, toutes les matières, reprenant sans cesse ses œuvres dans l'intention de parvenir à une vision synthétique. Degas n'a pas eu d'élèves mais de nombreux peintres lui sont redevables. Parmi eux, Gauguin, Matisse et Picasso. Les couleurs stridentes de ses pastels, rageusement zébrés d'orange, de vert ou de bleu fluorescent, annoncent l'art des nabis* et les expériences fauves. L'œil sans complaisance qu'il pose sur le corps féminin ouvre la voie à Bonnard, à Toulouse-Lautrec et annonce déjà l'expressionnisme allemand (Schiele, Kokoschka…).

Survivance du nu

Parmi les peintres impressionnistes, seuls Degas, Renoir et Cézanne feront du nu leur thème de prédilection. (Toulouse-Lautrec ne peint pas des nus mais des femmes dévêtues).

Avec *Le Tub*, Edgar Degas (1834-1917), reste à l'écart des impressionnistes. Pour lui, « *l'art ne s'élargit pas, il se résume* ».

Une perception analytique

En forte réaction
« *contre les délices débraillés de l'impressionnisme* »,
le néo-impressionnisme
de Seurat est guidé par la tradition
et par la science.

Georges Seurat, *Poseuse de dos*, huile sur toile (24,5 x 15 cm), 1887, musée d'Orsay. Seurat transforme l'impressionnisme en son contraire. Tout en conservant des surfaces vibrantes, il peint non pas le fugace mais le permanent. Ses figures sont statiques car vues à une certaine distance, les petits points se reconstituent en lignes. À sa manière, le peintre renouvelle le dessin d'Ingres.

Georges Seurat

Après des études classiques dans la lignée de Ingres, Seurat en vient, par étapes rapides, à radicaliser l'analyse des effets colorés qu'impliquent la peinture claire et la touche des impressionnistes. On donne à sa technique les noms de « divisionnisme » ou de « pointillisme » car il juxtapose de très petites surfaces, des « points » de couleur pure. Le peintre justifie cette méthode en fondant son art sur la science : la science optique démontre que les couleurs sont dans la lumière ; la science des couleurs démontre que c'est bien en jouant avec les couleurs qu'on produit un effet lumineux.

La méthode

Seurat appartient à son époque, le positivisme. Dans cet esprit, il décide d'appliquer rigoureusement

naissance de la peinture moderne | œil impressionniste | optique néo-impressionniste

les principes des scientifiques sur la loi des contrastes simultanés de couleur. Elle démontre, entre autres, que deux couleurs complémentaires* juxtaposées sont plus intenses et qu'un rouge, par exemple, teinte de sa complémentaire, le vert, toutes les couleurs avoisinantes. Dans le même temps, Seurat radicalise le principe du mélange optique des couleurs qui ne sont donc plus mélangées physiquement sur la palette, mais juxtaposées pures directement sur la toile, laissant à l'œil le soin d'opérer le mélange à distance (par exemple un point rouge, juxtaposé à un point jaune, est perçu de loin par l'œil comme un point orange, etc.). Parallèlement, Seurat applique les principes du savant Charles Henry (1859-1926), directeur du laboratoire de physiologie des sensations à l'École des hautes études, sur la valeur psychique des lignes et des couleurs, qui varie selon leurs combinaisons.

Le néo-impressionnisme

Le préfixe « néo » indique une renaissance et signifie à la fois mort et héritage. En 1886, année de la dernière exposition impressionniste, Seurat, invité par Degas, expose *Un dimanche après-midi à l'île de la Grande Jatte*, fruit de deux années d'effort. Félix Fénéon, critique et défenseur du groupe qui se constitue autour de Seurat (et réunit Signac, Pissarro et son fils Lucien, Dubois-Pillet, Luce, Angrand, Cross) baptise le nouvel art de « néo-impressionniste ». Né de l'impressionnisme, l'art de Seurat se donne des objectifs opposés. Il veut retrouver des valeurs « classiques » de construction et de dessin, redonner de l'ordre et de la consistance aux formes en réformant méthodiquement les principes impressionnistes. Les artistes exposent au Salon* des indépendants et le nouveau style activement défendu par Signac (*voir* pp. 22-23) fait des adeptes en Belgique (Théo Van Rysselberghe, Henry Van de Velde…). Mais Seurat décède en 1891 et le groupe ne lui survivra pas.

Savoir voir

« Dans la nature, une teinte qui semble uniforme est formée de la réunion d'une foule de teintes diverses, perceptibles seulement pour l'œil qui sait voir. » Ernest Cheneau (1885).

Une sensation objective

« Seurat est plus subjectif que les impressionnistes en réduisant chaque unité de la peinture à un élément de pure sensation, mais il est aussi plus objectif, en reconstruisant le monde à partir d'atomes de couleur quantifiables et combinables à merci. » Meyer Schapiro.

L'optique néo-impressionniste de Georges Seurat consiste à objectiver la perception subjective des impressionnistes.

Le Cirque

Georges Seurat (1891)

Huile sur toile (1,85 x 1,52 m),
musée d'Orsay.

Histoire

Laissé inachevé à la mort brutale de Seurat à l'âge de 31 ans, ce tableau est l'aboutissement de sa carrière artistique et le seul grand tableau du peintre conservé en France. Le sujet s'inspire d'une scène bien réelle du cirque Fernando à Paris. Au premier plan, un clown ; en haut à droite, l'orchestre ; sur la piste, le spectacle. Les spectateurs occupent une place bien définie. Leur attitude et leur costume correspondent au prix de leur ticket d'entrée ; au poulailler, les plus pauvres comme comprimés par la rambarde où ils sont accoudés. L'œuvre évoque l'imagerie populaire, l'art de l'affiche.

L'art selon Seurat

« L'art, c'est l'harmonie ; l'harmonie, c'est l'analogie des contraires, l'analogie des semblables, de ton, de teinte, de ligne ; le ton, c'est-à-dire le clair et le sombre ; la teinte, c'est-à-dire le rouge et sa complémentaire le vert, l'orangé et sa complémentaire le bleu, le jaune et sa complémentaire le violet... Le moyen d'expression, c'est le mélange optique des tons, des teintes et de leurs réactions. »

Tableau

La composition s'organise sur des horizontales (les gradins) qui s'opposent aux verticales de l'entrée de la piste. Pour donner l'illusion d'un élan dynamique, le peintre a construit l'action dans un losange sur la pointe qui va de la main droite de l'écuyère à la pointe du sabot avant droit du cheval, puis descend dans le dos du clown et remonte au niveau de l'épaule gauche du maître de manège. Aux lignes droites, Seurat oppose des courbes : le tutu, le saut périlleux, le fouet. Le fragment de piste, souligné par la bande blanche qui se reflète dans le miroir au-dessus de l'entrée, crée le mouvement giratoire, tandis que l'écuyère en déséquilibre traduit l'effet de force centrifuge. L'ensemble est peint sur la seule harmonie des trois couleurs primaires : bleu, rouge, jaune. Pour intensifier et prolonger les vibrations colorées, Seurat peint une lisière de petits points de couleurs opposées autour du tableau et sur tout le cadre.

naissance de la peinture moderne | œil impressionniste | optique néo-impressionniste

Commentaire

Selon la distance à laquelle on se place, l'œuvre est une masse grouillante de petits points ou un assemblage de lignes. En choisissant son recul, le spectateur choisit sa version du tableau. « *C'est le spectateur qui fait le tableau !* » dira plus tard Marcel Duchamp (1887-1968), rappelant qu'il n'y a pas de contemplation passive. Avec le procédé du petit point, Seurat exclut la touche personnelle, le côté gestuel du tracé et abolit la distinction dessin/couleur. Son système de trame fait de lui un précurseur des techniques de reproduction en couleurs (chromolithographie), procédé auquel Roy Lichtenstein donnera ses lettres de noblesse dans les années 1960. Si la peinture de Seurat peut apparaître à l'écran de n'importe quel ordinateur et s'il est séduisant d'imaginer qu'il a inventé intuitivement l'image numérisée… sa peinture nous parle surtout et avant tout de la solitude, de l'incommunicabilité des êtres et du silence.

Avec *Le Cirque*, Georges Seurat (1859-1891), conceptualise la démarche des impressionnistes.

réaction expressionniste   abstraction expressionniste   approfondir

Les explications de Paul Signac

Dans son essai paru en 1899, le peintre Signac retrace l'histoire de la couleur *D'Eugène Delacroix au néo-impressionnisme*, et démontre l'originalité du divisionnisme. Morceaux choisis.

Henri-Edmond Cross, *Les Îles d'or ou îles d'Hyères* (1891-92), musée d'Orsay. Dépouillé jusqu'à l'abstraction, ce tableau d'une extraordinaire intensité préfigure les toiles de Mark Rothko (*voir* pp. 46-47).

Tout pour la couleur

« *Hachures de Delacroix, virgules des impressionnistes, touches divisées des néo-impressionnistes, sont des procédés conventionnels identiques, dont la fonction est de donner à la couleur plus d'éclat possible en supprimant toute teinte plate. Ces trois factures (…) créent des lumières colorées grâce au mélange optique de pigments juxtaposés.* » La technique néo-impressionniste « *fut pressentie et presque formulée par Delacroix* », puis appliquée intuitivement par les impressionnistes. C'est en appliquant « *le principe*

 naissance de la peinture moderne

œil impressionniste

 optique néo-impressionniste

du mélange optique selon une méthode raisonnée » que les néo-impressionnistes parviennent « *à obtenir un maximum de couleur et de lumière* ».

Le divisionnisme

« *Croire que les néo-impressionnistes sont des peintres qui couvrent leurs toiles de petits points multicolores est une erreur assez répandue. (…) Le néo-impressionnisme ne pointille pas, mais divise. Or diviser c'est s'assurer tous les bénéfices de la luminosité, de la coloration et de l'harmonie, par :*
- le mélange optique de pigments uniquement purs (toutes les teintes du prisme et tous leurs tons (la teinte étant la qualité d'une couleur, le ton, le degré de saturation ou de luminosité d'une teinte) ;
- la séparation des divers éléments (couleur locale, couleur d'éclairage, leurs réactions, etc.) ;
- l'équilibre de ces éléments et leur proportion (selon les lois du contraste, de la dégradation et de l'irradiation) ;
- le choix d'une touche proportionnée à la dimension du tableau. »
Outre ce qui régit la couleur, « *les artistes appliqueront les lois plus mystérieuses qui disciplinent les lignes et les directions et en assurent l'harmonie et la belle ordonnance* ».

Le pointillisme

« *Le pointillé n'est qu'un procédé (…) Il rend la surface du tableau plus vibrante, mais n'assure ni la luminosité, ni l'intensité du coloris, ni l'harmonie. Car les couleurs complémentaires, qui sont amies et s'exaltent si elles sont opposées, sont ennemies et se détruisent si elles sont mélangées, même optiquement. Une surface rouge et une surface verte, opposées, se stimulent, mais des points rouges, mêlés à des points verts, forment un ensemble gris et incolore. La division n'exige nullement une touche en forme de point. (…) Tout à la joie de diriger les jeux et les luttes des sept couleurs du prisme, le peintre sera tel qu'un musicien multipliant les sept notes de la gamme pour produire la mélodie. (…) Au final, il y a autant de divergences entre les néo-impressionnistes qu'entre les divers impressionnistes.* »

Les lectures éclairées de Seurat et Signac

Parmi les ouvrages scientifiques consultés par les artistes : *La Grammaire des arts du dessin* (Charles Blanc, 1870), *De la loi du contraste simultané* (Chevreul, 1839, réédité en 1889) et *L'Optique et la Peinture* (Helmholtz, 1878).

Selon Paul Signac (1863-1935), le mélange optique des couleurs procédant de la technique du divisionnisme permet d'obtenir le maximum de couleur et de lumière.

Postérité du divisionnisme

La couleur en soi, non plus comme moyen mais comme but, voilà la leçon que retiendront principalement Van Gogh, Gauguin, les fauves et les expressionnistes.

Du point à la tache

Au cours des années 1893-1898, constatant que le procédé du mélange optique aboutit à une peinture plus claire que colorée, Cross et Signac éprouvent le besoin d'intensifier leur couleur pour compenser les inconvénients de la division du ton. Ils décident d'élargir leur système de touches et les séparent légèrement par le blanc de la toile. Ils aboutissent à un système de touches qui évoquent les tesselles des mosaïques.

Postérité

L'aspect émotionnel du néo-impressionnisme tardif de Signac et de Cross en fait un modèle pour les fauves (*voir* pp. 28-29). Son influence dans la carrière et la pensée de Matisse dès 1899, à la parution du livre de Signac, et plus encore en 1904, lors d'un séjour commun à Saint-Tropez, est manifeste dans *Luxe, calme et volupté*. Matisse observera quelque temps la loi du contraste des couleurs, même après avoir abandonné la touche pointillée (1906). Mais en 1908, il marquera définitivement ses distances : « *Le choix de mes couleurs ne repose sur aucune théorie scientifique ; il est basé sur l'observation, sur le sentiment, sur l'expérience de ma sensibilité.* »

L'aspect cérébral du néo-impressionnisme explique la faveur de Seurat auprès des cubistes* et des puristes* comme Ozenfant. Tour à tour Gauguin, Van Gogh, Vuillard, Delaunay, Severini, Ballà, Mondrian et Paul Klee lui emprunteront des formules.

Bilan

Écrit pour inciter les peintres à devenir néo-impressionnistes, le traité de Signac (*voir* pp. 22-23) n'a converti

définitivement aucun grand peintre, même si tous ont éprouvé la méthode de Seurat. De son expérience sur le contraste simultané et la vibration optique, la génération suivante retiendra surtout le pouvoir énergétique de la couleur pure. À partir de là, les artistes vont définitivement libérer la couleur des contraintes du ton local*, lui donner son indépendance vis-à-vis du dessin, la faire exister pour elle-même et la considérer comme un élément à part entière du langage pictural. Ils feront aussi la distinction entre le sujet pittoresque et le sujet pictural. Comme le précise Signac : « *Toute œuvre peinte, dessinée, gravée, ornée, présente deux sujets. Tout ce qui n'est pas plastique constitue le sujet pittoresque ; tout ce qui est plastique constitue le sujet pictural. Le premier n'a pas plus d'importance esthétique que le titre et seul compte la manière dont il est traité (…) Car pour le peintre, seul importe le sujet pictural : c'est par lui qu'il exprime sa volonté d'art.* »

(*voir* légende ci-contre en bas, page 24)

Le divisionnisme, en libérant la couleur des contraintes de la représentation, ouvre la voie aux avant-gardes du XXe siècle.

réaction expressionniste   abstraction expressionniste   approfondir

De l'impression à l'expression

Couleur constructive de Cézanne, couleur métaphorique de Gauguin, couleur expressive de Van Gogh... Le passage de l'impression à l'expression s'opère par la couleur.

Vincent Van Gogh, *L'Église d'Auvers-sur-Oise* (1890), musée d'Orsay. L'art de Van Gogh est un combat passionnel entre la parfaite harmonie de l'art à laquelle il aspire et les épanchements de ses impétueuses émotions. La perspective mouvante, la violence des couleurs et l'expressivité de la touche annoncent l'art expressionniste.

Les sensations de Cézanne

Cézanne reste fidèle au leitmotiv de l'impressionnisme dont il est issu : « *Peindre d'après nature, ce n'est pas copier la nature, c'est réaliser ses sensations* », dit-il. Comme Seurat, il cherche à concevoir avec l'intellect ce qu'il perçoit par les sens et rejette la démarche instinctive des impressionnistes. Il se donne des règles, élabore une méthode qui consiste à construire la forme à partir de la couleur : « *Le dessin et la couleur ne sont pas distincts, tout dans la nature étant coloré. Au fur et à mesure que l'on peint, l'on dessine. La justesse du ton donne à la fois la lumière et le modelé de l'objet.* » La difficulté de son entreprise consiste à vouloir restituer les sensations de fugitif et d'éternité que lui inspire la nature. Elles lui commandent de conjuguer des éléments contradictoires : le flou et le net, le solide et le fluide, l'équilibre et l'instable. Il influencera surtout les cubistes, qui radicaliseront sa réflexion sur l'espace et les formes au détriment de la couleur.

naissance de la peinture moderne | œil impressionniste | optique néo-impressionniste

L'abstraction de Gauguin

Gauguin, après avoir tâté de l'impressionnisme, dénonce cette peinture « *qui ne voit que la matière avec un œil sans cerveau* », et qui cherche « *autour de l'œil et non au centre mystérieux de la pensée* ». En quête de valeurs primitives plus authentiques, il se rend en Bretagne, en Martinique et en Polynésie, et se débarrasse définitivement du souci du rendu fidèle à l'occidentale pour exprimer son émotion par la couleur qu'il traite en larges aplats cernés comme dans le vitrail (le cloisonnisme). « *Ô peintres qui demandez une technique de la couleur, étudiez les tapis !* » disait Gauguin qui ajoutait : « *Ne peignez pas trop d'après nature, l'art est une abstraction.* » Pour le peintre et ses disciples de l'école de Pont-Aven, « *la couleur est l'équivalent passionné d'une sensation reçue* ». Il compare la peinture à la musique qui « *fait penser, sans le secours des idées ou des images, simplement par les affinités mystérieuses* ». Gauguin fera fusionner vécu personnel, art et décoration. Il s'autorisera toutes les déformations et exaucera dès 1888, le vœu de Baudelaire : « *Je voudrais des prairies teintes en rouge et des arbres peints en bleu. La nature n'a pas d'imagination.* »

L'émotion de Van Gogh

Van Gogh reprendra à l'impressionnisme ses couleurs vives et la variété de ses touches en virgule, hachurées, entrecroisées ou pointillées. Mais il en usera comme d'une écriture, l'inscrivant directement dans l'épaisseur de la matière. Aussi, écrit-il en 1888 : « *Au lieu de chercher à rendre ce que j'ai devant les yeux, je me sers de la couleur arbitrairement pour m'exprimer fortement.* » Son idée : exprimer son sentiment intérieur, peindre « *les terribles passions humaines* », explorer les valeurs psychologiques de la couleur afin de parvenir à rendre « *l'ardeur d'un être par le rayonnement d'un soleil couchant* ». Par ce jeu combiné de la touche et de la couleur à des fins purement expressives, il ouvre la voie au fauvisme et à l'expressionnisme dont il apparaît comme le vrai père fondateur.

Le rôle de Toulouse-Lautrec

Toulouse-Lautrec (1864-1901) incarne l'art de la fin du XIXᵉ siècle. Il conjugue les aplats de couleur pure de Gauguin et la fougue gestuelle de Van Gogh, l'ombre chinoise et l'art nouveau, l'estampe japonaise et les compositions les plus modernes de Degas. Il a démontré que l'art n'est pas dans le matériau mais dans son usage, c'est-à-dire, dans sa métamorphose. À ce titre, il est un précurseur de l'expressionnisme.

De l'impression à l'expression, il n'y avait qu'un pas. Cézanne (1839-1906), Gauguin (1848-1903) et Van Gogh (1853-1890) le franchiront à la fin du XIXᵉ siècle.

Le fauvisme, une rupture historique

La peinture fauve est une peinture spontanée, physique, instinctive, subjective et individualiste qui exploite sans réserve le pouvoir émotif de la couleur.

Un mouvement spontané

Le fauvisme désigne l'art scandaleux d'une bande de jeunes Français, qui, à partir de 1898 et jusqu'en 1908 environ, ont exploité sans réserve, chacun à leur manière, le pouvoir émotif de la couleur. Les « fauves » s'appellent Braque, Camoin, Derain, Dufy, Friesz, Manguin, Marquet, Matisse, Rouault, Van Dongen et Vlaminck. Matisse, le plus âgé, fait figure de chef de file. Mais plutôt qu'un véritable mouvement esthétique doté d'un programme, le fauvisme est un mouvement pictural spontané, né de la rencontre de ces artistes qui ont en commun l'exaltation de la couleur pure, le rejet de la perspective et des valeurs de l'art classique, le désir d'en finir avec le naturalisme* impressionniste.

Un hymne à la joie de vivre

Encouragés par Gustave Moreau (1826-1898), peintre et professeur à l'école des Beaux-Arts de Paris qui prônait « *l'imagination par la couleur* », influencés à leurs débuts par la dernière manière de Paul Signac à Saint-Tropez (*voir* pp. 24-25), attirés par la Côte d'Azur où la lumière est plus vive, les artistes vont user librement de la couleur qu'ils appliquent en vigoureux coups de pinceaux. Ensemble ou séparément, ils prennent pour sujets des portraits hauts en couleur, des scènes de rue bariolées, des paysages de ports ou de bords de mer : Saint-Tropez, Collioure, l'Estaque, La Ciotat... mais aussi Paris et ses environs, Fécamp, Le Havre, Londres. Ils proposent des variations plastiques purement imaginaires. Dessin, lumière, espace restitués par la couleur, tout est inventé. La peinture fauve est un ensoleillement, un hymne à la lumière, à la joie de vivre.

Le Salon d'automne de 1905

Le terme de fauvisme vient d'une boutade du critique Louis Vauxcelles. Devant une statuette dans le style de la Renaissance qui trônait au milieu des œuvres peintes des jeunes artistes, il s'écria : « *Tiens, Donatello, au milieu des fauves !* »

naissance de la peinture moderne | œil impressionniste | optique néo-impressionniste

« Une orgie de tons purs »

Héritiers de Gauguin et de Van Gogh, ils n'hésitent pas à peindre la mer en rouge, si ce qu'ils éprouvent face à une mer bleue appelle un rouge pur. Certaines toiles de Derain et de Vlaminck atteignent même au paroxysme. Mis à part Rouault, tous vont mettre l'accent sur le caractère énergétique de la couleur, qu'ils considèrent comme une source vitale. Ils veulent sidérer et exciter l'œil. Derain compare les couleurs à des « *cartouches de dynamite* », Matisse parle de « *coup de gong énergétique* », et Vlaminck, toujours véhément, déclare : « *Il faut peindre avec son cœur et ses reins, sans se préoccuper du style.* »

André Derain, *Le Pont de Chatou*, 1904, musée national d'Art moderne. « *Le grand tort de tous les peintres, c'est d'avoir voulu rendre l'effet du moment de la nature (…) et de ne pas penser qu'un simple assemblage lumineux met l'esprit dans un même état qu'un paysage vu.* » André Derain.

Une simplification

Sans dessins préparatoires, les artistes peignent leurs tableaux de mémoire, ce qui suppose une exécution rapide qui favorise les accidents et n'admet pas les retouches. Ils adoptent sciemment un dessin simple qui évoque les dessins d'enfants et réduisent les figures à des silhouettes. La nature qu'ils représentent est proche de l'homme, marquée par l'homme mais l'individu n'existe pas. Il est réduit à des signes. Les points de vue à vol d'oiseau sont empruntés aux estampes japonaises.

L'influence du fauvisme

Le coup d'éclat sera bref mais servira de tremplin à l'expressionnisme allemand. Dès 1912, les recherches sur la couleur conjuguées à l'éclatement de la forme cubiste* aboutissent à l'abstraction de Robert Delaunay, des rayonnistes russes et des futuristes italiens. Matisse conservera toute sa vie la volonté de s'exprimer par la couleur et transmettra cet héritage aux peintres abstraits américains.

Le fauvisme, première avant-garde du XXᵉ siècle, naît du désir de faire « rugir » la couleur. Il est un hymne à la joie de vivre.

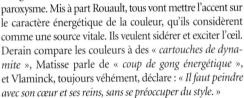

L'Algérienne

Henri Matisse (1909)

Huile sur toile (81 x 65 cm),
musée national d'Art moderne.

Histoire

« *Le fauvisme secoua la tyrannie du divisionnisme. On ne peut pas vivre dans un ménage trop bien fait. Alors on part dans la brousse* », écrit Matisse. Avec des aplats de couleur « sauvage », le peintre cherche à créer « *une émotion qui touche aussi bien l'esprit que les sens* » et dit vouloir « *remplacer le "vibrato" du pointillisme par un accord plus expressif, plus direct, procuré par des surfaces plus tranquilles* ». Il prévient : « *Quand je mets un vert, ça ne veut pas dire de l'herbe ; quand je mets un bleu, ça ne veut pas dire du ciel.* » Pour Matisse, « *le fauvisme est une première recherche de synthèse expressive* » qu'il va conduire beaucoup plus loin. *L'Algérienne*, réalisée après un voyage en Algérie, est une œuvre charnière. Elle résume les acquis du fauvisme et s'en démarque déjà. Ici, le peintre est en quête d'une expression qui ne réside plus seulement dans la violence des couleurs.

La sensation en premier

« *Pour moi, c'est la sensation qui vient en premier, ensuite l'idée. Si les cubistes* conçoivent une idée pour se demander ensuite : "quelle sensation cela me donne-t-il ?", eh bien, je ne comprends tout simplement pas cette démarche.* »
Henri Matisse.

Tableau

Ce portrait n'a pas été exécuté comme une transcription immédiate d'un « premier jet », ce qui caractérise l'art fauve. Il a été savamment composé à partir de différents

naissance de la peinture moderne | œil impressionniste | optique néo-impressionniste

emprunts que Matisse mêle dans une volonté de synthèse. À Van Gogh, il reprend le portrait d'une figure en gros plan coupée à mi-corps dans une attitude frontale mais son *Algérienne* n'a rien de rigide ; la ligne qui la cerne ne forme jamais d'angle droit. De Gauguin, Matisse retient l'expression par l'arabesque, les aplats de couleur pure cloisonnés et l'élément décoratif du fond. La révélation du noir comme couleur lui vient de l'Orient (les icônes byzantines, les estampes japonaises…). Enfin, l'art musulman lui a appris une certaine rigueur de construction et lui a confirmé la nécessité de s'exprimer au moyen de la couleur sans pour autant évacuer la ligne. Bien sûr, il choisit des couleurs expressives (rouge franc pour le décor et la ceinture du modèle, bleu-vert rayé de rose pour la tunique), mais il nuance son propos : « *Une avalanche de couleurs reste sans force. La couleur n'atteint sa pleine expression que lorsqu'elle est organisée, lorsqu'elle correspond à l'émotion de l'artiste.* » Aux aplats de couleur cernée, Matisse oppose un traitement hachuré, une touche tremblée au niveau des genoux tandis que le bras droit est réduit à un signe.

L'objectif

« *Ce que je rêve c'est d'un art d'équilibre, de pureté, de tranquillité, sans sujet inquiétant ni préoccupant, qui soit pour tout travailleur cérébral, pour l'homme d'affaires aussi bien que pour l'artiste, un lénifiant, un calmant cérébral, quelque chose d'analogue à un bon fauteuil qui le délasse de ses fatigues physiques.* »
Henri Matisse.

Commentaire

« *L'expression, pour moi, ne réside pas dans la passion qui éclatera sur un visage ou qui s'affirmera par un mouvement violent, dit le peintre. Elle est dans toute la disposition de mon tableau : la place qu'occupent les corps, les vides qui sont autour d'eux, les proportions, tout cela y a sa part. La composition est l'art d'arranger de manière décorative les divers éléments dont le peintre dispose pour exprimer ses sentiments.* » Désormais, Matisse reprendra chacune de ses œuvres jusqu'à « *arriver à cet état de condensation des sensations qui fait le tableau* ». Il aboutira à une simplification extrême de la peinture et sa démarche sera bientôt systématisée par certains peintres abstraits américains (*voir* pp. 46-47).

L'Algérienne de Matisse (1869-1964) résume les acquis du fauvisme et s'en démarque déjà. « Ce que je poursuis par-dessus tout, c'est l'expression », dit le peintre.

L'expressionnisme allemand

Subversif, l'expressionnisme privilégie l'intensité de l'expression par la couleur et la violence du geste.

Ernst Kirchner, *La Toilette*, 1912, musée national d'Art moderne. Inversion de l'image dans le miroir, simplification, déformation… Kirchner emprunte au fauvisme la violence des couleurs (meuble bleu, tapis vert, corps ocre foncé),et au cubisme ses formes « barbares » qu'il accentue à des fins expressives.

Un esprit de révolte

Contemporain du fauvisme et du cubisme* en France, l'expressionnisme (1905-1914) naît de l'esprit de révolte de la jeunesse allemande face à l'autoritarisme de Guillaume II, roi de Prusse et empereur d'Allemagne de 1888 à 1918. Ses pratiques féodales conjuguées au règne absolu de l'argent, l'émergence sauvage de l'urbanisation et de l'industrialisation provoquent une crise des valeurs dans la jeunesse et chez les intellectuels. Tandis que Nietzsche et Freud invitent à repenser l'homme, les artistes en quête de renouveau, de certitudes et d'absolu, n'ont d'autre choix que de repenser l'art.

Un art agressif

Ils vont chercher dans le passé le plus reculé de nouveaux modèles (art africain, océanien, gothique), s'inspirer des avant-gardes parisiennes, et surtout puiser en eux-mêmes. Comme les fauves, ils rejettent le beau conventionnel au profit d'une « beauté vraie », sincère et « primitive ». En revanche, leur combat n'est pas seulement esthétique comme en France, puisqu'il consiste à mettre l'accent sur la détérioration des rapports de l'homme et

naissance de la peinture moderne | œil impressionniste | optique néo-impressionniste

du monde extérieur. La violence des couleurs et des déformations produit une expression exacerbée qui témoigne d'une véritable crise existentielle.

Le mouvement

Il se définit au travers de trois groupes principaux : les très jeunes gens autodidactes de *Die Brücke* à Dresde ; l'attitude réfléchie des artistes liés au *Blaue Reiter* à Munich et celle, torturée, de la Sécession* viennoise. Tous se retrouvent à Berlin entre 1910 et 1914. Il n'y a pas de style précis et rien de semblable entre eux. Mais ils ont en commun la volonté d'un art personnel authentique ouvert à toutes les formes d'art et un comportement anticonformiste : liberté de mœurs, vie de bohème, organisation commune d'expositions itinérantes.

La spontanéité de *Die Brücke*

À Dresde en 1905, de jeunes étudiants en architecture, Kirchner, Heckel et Schmidt-Rottluff, fondent un groupe d'artistes qu'ils baptisent *Die Brücke* (le Pont). Par ce nom, ils expriment leur volonté de passage d'une rive à l'autre, de l'art ancien à l'art moderne. Les artistes rejoints par Pechstein et, pour un temps, par Nolde, puis Mueller, n'ont d'autre programme que celui de rejeter l'art académique imposé par l'État. Farouchement anti-bourgeois, ils revendiquent la « liberté de vie et de mouvement », partagent ateliers et modèles, travaillent sur les mêmes œuvres, souvent non signées. Leurs sujets de prédilection : les nus dans l'atelier et dans la nature et les paysages. Ils privilégient la spontanéité, non pas à la manière impressionniste mais comme une projection immédiate d'eux-mêmes suivant l'exemple de Van Gogh et du Norvégien Munch (*voir* p. 3). Ils empruntent au fauvisme la violence des couleurs et au cubisme* ses formes « barbares », qu'ils accentuent à des fins expressives. Leurs œuvres d'abord insouciantes, flamboyantes, érotiques et sensuelles veulent mêler l'art à la vie.

(*voir* p. 3)

Le malaise de la jeunesse

Parmi les récits les plus poignants sur le malaise de la jeunesse à la fin du XIXe siècle, les ouvrages de Walter Benjamin : *Chronique berlinoise* et *Enfance berlinoise* (1912).

Les précurseurs de l'expressionnisme

Le Français Toulouse-Lautrec, le Néerlandais Van Gogh, et les peintres symbolistes : le Norvégien Munch, le Belge Ensor, le Suisse Hodler et l'Autrichien Klimt.

Les diverses formes d'expressionnisme germanique traduisent un profond désir de changer la vie. L'art spontané de *Die Brücke* à Dresde est sauvage et agressif.

Un autre monde pour un autre homme

En quête de spiritualité, le *Blaue Reiter* de Munich est à la recherche d'une beauté intérieure ; en quête d'identité, la Sécession* viennoise s'en remet à l'inconscient.

Sigmund Freud (1856-1939)
Ce psychiatre autrichien, fondateur de la psychanalyse, démontre que nos actes et nos jugements sont guidés par notre vie mentale dont nous sommes en grande partie inconscients. Assumer cet inconscient permet de dépasser la morale bourgeoise et la conception de l'homme qui était celle du XIXᵉ siècle.

Lyrisme au *Blaue Reiter* de Munich

Après avoir fondé en 1909, la « Nouvelle association des artistes de Munich » (la *NKVM*), en 1911, Kandinsky crée avec Franz Marc le groupe du *Blaue Reiter* ou Cavalier bleu. L'appellation reprend le titre d'un tableau de Kandinsky de 1903 qui représente le survol d'un cheval et de son cavalier au-dessus d'un espace immense exprimé par quelques taches de couleur. Par ce nom, les peintres veulent signifier leur volonté d'évasion et d'expression par la couleur. Autour d'eux : Gabrielle Münter, Jawlensky et Macke. L'édition d'un almanach du même nom exprime leurs idées sur l'art. Convaincus de la faillite de la science matérialiste, ils appellent à un renouveau d'ordre spirituel, esthétique et social. L'art, en quête de l'essentiel, doit chercher au plus profond de soi une beauté intérieure qui élève l'âme et l'esprit du spectateur.

Arnold Schoenberg, *Le Regard rouge*, 1910. Dans ses autoportraits intitulés *Regards* et que Kandinsky appelle *Visions*, Schoenberg traduit en formes et en couleurs le malaise et la contradiction de son triple état : juif, Allemand et créateur, à Vienne et à Berlin avant la guerre.

Du spirituel dans l'art, de Kandinsky

En 1911, Kandinsky publie *Du spirituel dans l'art*. Il y exprime sa croyance dans le bien-fondé philosophique d'une peinture abstraite, convaincu que l'œuvre d'art peut enrichir l'âme si on la débarrasse de ses formes matérielles. L'aquarelle, technique spontanée, favorise l'expression colorée au détriment du sujet. Sa première aquarelle abstraite date de 1910. Il n'aura de cesse de prolonger cette expérience à l'huile (*voir* pp. 38-39).

Crise d'identité à Vienne

À Vienne plus qu'ailleurs, le passage du romantisme à la modernité ne peut s'opérer sans crise de l'identité.

naissance de la peinture moderne | œil impressionniste | optique néo-impressionniste

L'empire austro-hongrois est sur son déclin et la voie d'accès au « surhomme » de Nietzsche devient une nécessité pour les intellectuels de ce début du siècle. Mais pour créer un homme nouveau, il faut commencer par remettre en question l'individu lui-même. Pour un artiste, c'est la condition préalable à toute expression authentique. Cette remise en cause de l'individu va se traduire par l'épreuve de l'autoportrait, maintes fois répétée par Egon Schiele, Oskar Kokoschka, Richard Gerstl et Arnold Schoenberg. La profonde obsession de trouver au fond de soi des moyens d'expression valables est également présente chez Freud.

(*voir* légende ci-contre, en bas page 34)

Les artistes autrichiens vont prendre en compte l'inconscient, avec l'espoir d'entrevoir des vérités plus hautes, plus essentielles. Les angoisses et les obsessions refoulées, sexualité, mort, maladie, se libéreront avec violence dans leur peinture.

Der Sturm, pour un art radical

En 1910, Herwarth Walden crée la revue *Der Sturm* (*L'Orage*) et une galerie du même nom en 1912. Marchand de tableaux, éditeur, critique et musicien, il fait appel à Kokoschka pour illustrer *Der Sturm,* expose les artistes du *Blaue Reiter* et de *Die Brücke,* et il invente le terme d'« expressionnisme » dans sa revue pour qualifier cet art radical.

Crise spirituelle à Munich, crise d'identité à Vienne, l'art expressionniste est un mélange de combat et de retranchement sur soi-même.

Le style de l'angoisse et du malaise

À Vienne et à Berlin, la peinture comme projection immédiate du sentiment intérieur « torture » les formes et les couleurs, pour mieux dénoncer le bouleversement de toutes les valeurs.

Ernst Kirchner,
La Tour rouge à Halle,
1915, Essen, Museum Folkwang.
Sur un fond de nuages roses, Berlin désertée brandit une tour menaçante. La ville grise et noire est flanquée de rues rouges.

Le cas Schoenberg

Le compositeur viennois Arnold Schoenberg (1874-1951) commence à peindre en 1908 au moment où il cherche une expression personnelle en musique qui ne doive plus rien au passé. Comment créer de la musique en l'absence des anciennes certitudes harmoniques ? Sa peinture est un exutoire, une bouée de sauvetage ; elle a valeur de journal intime. « *L'art appartient à l'inconscient. C'est soi-même que l'on doit exprimer* », écrit-il à son ami Kandinsky. Il s'agit « *non pas d'exprimer son goût, son éducation, son intelligence, ce que l'on sait ou ce que l'on sait faire. Aucune de ces qualités acquises, mais les qualités instinctives, innées.* » De même que Schoenberg abandonne le système tonal en musique, Kandinsky abandonne le système figuratif en peinture (*voir* pp. 38-39). Leur expressionnisme musical et pictural se rejoignent et s'enrichissent l'un l'autre (*voir* pp. 54-55).

naissance de la peinture moderne | œil impressionniste | optique néo-impressionniste

Le Cri de Munch

Ce tableau (*voir* p. 3) fut pour cette génération un symbole. Munch (1863-1944) peint comme s'il avait oublié tout ce qu'il avait appris. Il n'y a pas de construction de forme au sens habituel. Seulement des déformations, des coulures de couleurs stridentes qui doivent suggérer l'idée du cri. Quelqu'un qui crie n'a guère le temps de composer son expression, il exprime spontanément son angoisse, sa peur. « *Je peins avec mes nerfs et mon sang* », dira Kirchner juste avant la guerre.

Le désir d'en finir

Pour certains artistes, la guerre (1914-1918) est une possibilité de détruire l'ordre ancien et de construire une société meilleure.

Pour d'autres, elle est la mise en pratique réelle de l'élan héroïque des valeurs de la jeunesse. Kirchner, Beckmann, Heckel, Macke, Marc, Kokoschka se portent volontaires, pensant sans doute ressourcer leur art à une réalité violente. Ils déchantent rapidement. Marc et Macke succombent au front, Schiele de la grippe espagnole (1918), Kandinsky, Schoenberg, Jawlensky et Münter s'exilent. L'expressionnisme laisse place au dadaïsme* et à l'esthétique géométrique et rationnelle du *Bauhaus**.

Prolongement nazi

La peinture comme laboratoire d'une « nouvelle barbarie » recoupera certains thèmes du national-socialisme. Goebbels, à son arrivée au pouvoir, voit dans « *l'esprit et le chaos expressionniste une analogie avec l'esprit de la jeunesse nazie* », accroche des œuvres expressionnistes dans son bureau et envoie un message à Munch, (artiste « de race nordique germanique ») pour son 70e anniversaire. Mais dès 1934, toutes les œuvres qui s'écartent de l'idéologie nazie devenue triomphante sont peu à peu interdites. L'exposition de 1937, intitulée « *L'Art dégénéré* », sonne définitivement le glas de l'expressionnisme historique.

Friedrich Nietzsche (1844-1900)

L'aspiration à un bouleversement de toutes les valeurs chez ce philosophe allemand trouvera écho chez les expressionnistes. Sa morale est fondée sur la culture de l'énergie vitale et la volonté de puissance qui élève l'homme jusqu'au surhomme.

Le ton expressionniste

« *La vision, non la ressemblance, la révélation et non pas le constat font le ton de l'expressionnisme.* » Wilhelm Worringer, *Abstraktion und Einfühlung* (*Abstraction et Empathie*), 1908.

À Vienne et à Berlin jusqu'à la guerre, l'expressionnisme incarne le style de l'angoisse et du malaise.

De l'impression à l'abstraction : Kandinsky

« *Notre époque est celle de la Grande Séparation entre le réel et l'abstrait* », écrit Kandinsky dans son traité théorique *Du spirituel dans l'art*.

Être de son temps

« *Tout œuvre d'art est l'enfant de son temps et, bien souvent, la mère de nos sentiments. Ainsi de chaque ère culturelle naît un art qui lui est propre et qui ne saurait être répété. Tenter de faire revivre des principes d'art anciens ne peut, tout au plus, conduire qu'à la production d'œuvres mort-nées.* »

Le beau intérieur

« *Le beau intérieur doit renoncer au beau conventionnel. À celui qui n'y est pas habitué, ce beau intérieur paraîtra évidemment laid, car l'homme tend en général vers l'extérieur et ne reconnaît pas volontiers la nécessité intérieure. […] Une œuvre d'art n'est pas belle, plaisante, agréable. Elle n'est point là en raison de son apparence ou de sa forme qui réjouit nos sens. La valeur n'est pas esthétique. Une œuvre est bonne lorsqu'elle est apte à provoquer des vibrations de l'âme, puisque l'art est le langage de l'âme et que c'est le seul.* »

De l'impression à l'abstraction

Le peintre distingue trois sources d'inspiration différentes. Il intitule « *Impressions* » les œuvres nées d'une impression directe de la « nature extérieure » exprimées sous une forme graphique ou picturale, « *Improvisations* » les expressions inconscientes nées des impressions de la « nature intérieure » ; « *Compositions* », les expressions inconscientes reprises longuement. « *Ici, la raison, le conscient, l'intentionnel, l'efficacité jouent un rôle prédominant. Simplement ce n'est pas toujours le calcul, mais le sentiment qui l'emporte toujours.* » Ainsi, de l'impression visuelle aux sensations improvisées, Kandinsky aboutit à des compositions abstraites et conclut : « *Nous nous approchons de plus en plus de l'ère du compositionnel conscient*

Le devoir du peintre

« *Notre mémoire des sensations est immense, tandis que notre souvenir des causes qui les produisent est presque nul et cela avec raison : si nous ne nous souvenons pas de ces causes, c'est surtout parce que nous ne les avons jamais sues. Un des devoirs du peintre est d'étudier les causes d'où proviennent les sensations très complexes qu'il éprouve.* » O.N. Rood, *Théorie scientifique des couleurs et leur application à l'art*, 1881.

naissance de la peinture moderne | œil impressionniste | optique néo-impressionniste

et raisonnable. Le peintre sera bientôt fier de pouvoir expliquer ses œuvres d'une manière constructive (à l'inverse des impressionnistes purs qui étaient fiers de ne pouvoir rien expliquer) ».

Le cosmos comme modèle

« Chaque œuvre naît du point de vue technique, exactement comme naquit le cosmos… Par des catastrophes qui, à partir des grondements chaotiques des instruments, finissent par faire une symphonie que l'on nomme musique des sphères. La création d'une œuvre, c'est la création du monde. »

Wassily Kandinsky, *Avec l'arc noir*, 1912, musée national d'Art moderne.
Pas de contours, mais des passages entre les formes. En se diluant la couleur absorbe et submerge les notations figuratives. Graphisme et couleur prennent leur indépendance. Le tableau évoque des agglomérats de particules, un espace cosmique et les états d'âme du peintre.

La couleur lyrique

Pour lui, peinture et musique ne sont qu'un seul langage : la musique peint et la peinture chante. La couleur, comme le son, véhicule l'émotion. Il compare la couleur à la touche que le musicien frappe pour obtenir de l'âme la vibration juste. En peinture, il ne décrit plus, il cherche les couleurs les plus significatives et soumet les formes à des distorsions et des rythmes expressifs. Il parle de tonalité, d'harmonie, du chœur des couleurs, de leur sonorité, de dissonances, c'est-à-dire de couleurs qui jurent entre elles…

Finalité

Il applique sa théorie du « *voilé-dévoilé* », qui veut qu'une œuvre d'art ne se livre pas d'un seul coup au regard, mais soit lisible par approfondissements successifs. Il s'agit d'éduquer l'œil et l'esprit car « *l'art, dans son ensemble, n'est pas une création sans but de choses qui se dissolvent dans le vide, mais une force qui tend vers un but et doit servir à développer et affiner l'âme humaine* ».

De l'impression à l'abstraction, Kandinsky (1866-1944) donne à la couleur un contenu lyrique pour faire « vibrer l'âme ».

Les Nymphéas bleus

Claude Monet (1916-1919)

Huile sur toile (2 x 2 m),
musée d'Orsay.

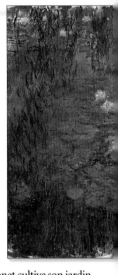

Histoire

Malgré l'époque troublée, Monet, installé à Giverny, entreprend en 1897 une série sur le thème des « nymphéas » dont l'histoire s'achève en 1927 avec l'inauguration du musée de l'Orangerie, baptisé « chapelle Sixtine de l'impressionnisme » par le peintre surréaliste André Masson. Durant toutes ces années, comme les philosophes du XVIII⁰ siècle, et Voltaire en particulier, Monet cultive son jardin. La nature comme source de sagesse et la peinture, comme « *le meilleur moyen d'oublier un peu* », occupent tout son temps. Désormais il « fabrique » son motif. Il a fait aménager un étang sur lequel il fait pousser des nénuphars et abandonne les sujets au profit du thème. En 1914, conscient que l'addition de toiles sur un même thème ne peut donner la vision d'ensemble qu'il recherche, le « peintre-horticulteur » conçoit ses œuvres comme de grandes décorations. Dans son atelier de 276 m² dominé par d'immenses verrières et inondé de lumière, le plus impressionniste des impressionnistes peint avec tout son corps des tableaux monumentaux auxquels il donne le nom poétique de « nymphéas ».

Tableau

« *Plus de terre, plus de ciel, plus de borne maintenant : sans réserve l'onde dormante et fertile couvre le champ de la toile (…) ; ici le peintre s'est délibérément soustrait à la tutelle de la tradition occidentale ; il ne cherche plus les lignes qui*

| naissance de la peinture moderne | œil impressionniste | optique néo-impressionniste |

pyramident ou qui concentrent le regard sur un point unique. Le caractère de ce qui est fixe, immuable, lui semble contradictoire avec le principe même de fluidité. », écrit un critique. Face au discours de l'avant-garde contemporaine, Monet tient ses distances : « *Le faste auquel j'atteins jaillit de la nature, dont je reste tributaire. Je ne forme pas d'autre vœu que de me mêler plus intimement à la nature et je ne convoite pas d'autre destin que d'avoir, selon le précepte de Goethe, œuvré et vécu en harmonie avec ses lois. Elle est la grandeur, la puissance, et l'immortalité auprès de quoi la créature ne semble qu'un misérable atome.* »

L'Orangerie

Monet légua à l'État 22 panneaux de 4 m x 2 m environ, sur le thème des Nymphéas répartis sur deux salles ovales aménagées selon ses vœux au musée de l'Orangerie. Il avait posé une condition : que l'État lui achète en retour son tableau *Femmes au jardin*, refusé au Salon de 1866, et que ses œuvres soient installées après sa mort.

Commentaire

Monet ignorait que, trente ans plus tard, une nouvelle génération d'artistes à Paris et à New York allait développer de façon radicale son parti-pris pictural. Car le peintre, ici, innove à plus d'un titre. Ni tableau de chevalet, ni vraiment décoration, sa peinture qui s'éloigne de la figuration est plutôt conçue comme un environnement dans lequel le peintre nous invite à pénétrer. Les surfaces sans limites, bientôt dénommées « all over » par Pollock, créent des espaces infinis, ceux-là même qui obséderont Rothko. Quant à la volonté d'osmose avec la nature, elle caractérise l'œuvre de Wols. Les peintres abstraits de la fin des années 1940 ont aussi en commun avec Monet la primauté accordée au geste et à la matière. Comme lui, ils vont diversifier le métier en fonction des formes qu'ils perçoivent, peindre des espaces inextricablement mêlés sans souci de cadre, de forme ni d'échelle. Nous faire entrer de plain-pied dans la peinture, tel est le but atteint par Monet à l'Orangerie, qui tenta une dernière fois de saisir l'éphémère.

L'atelier de Monet (1840-1926), c'est la nature. À la fin de sa vie avec *Les Nymphéas bleus*, il nous invite à pénétrer de plain-pied dans la peinture.

réaction expressionniste   abstraction expressionniste   approfondir

L'abstraction gestuelle en France

En 1945, certains peintres refusent de représenter la figure (y compris géométrique).
Pour eux la spontanéité physique, irrationnelle, est le seul moyen de retrouver la source vitale de l'être.

Lascaux et Hiroshima

« *La découverte en 1940 par l'abbé Breuil des grottes de Lascaux se répandit et vint à la connaissance du public l'année même où explosa la première bombe atomique sur Hiroshima (1945). Une ère découvrait son origine dans le même temps où elle semblait s'achever... Des choses fortes comme celles-ci conduisent à se retourner vers les origines.* »
Pierre Soulages.

« *Véhémences confrontées* »

Sous cet intitulé, une exposition parisienne réunissait en 1951 l'abstraction gestuelle française et l'*action painting* américaine (De Kooning et Pollock).

État des lieux

Après la guerre, dans de rares galeries, le public découvre, stupéfait, le travail d'une nouvelle génération d'artistes. Durant ces années difficiles, ils ont travaillé en solitaire et ce qu'ils montrent est radicalement autre. Dans la série qu'il baptise *Otages*, Jean Fautrier a écrasé sur de simples feuilles de papier une épaisse pâte blanche comme on écrase des visages. Sans nom, ni titre, les tableaux de Wols évoquent un corps à corps violent avec la matière et donc une peinture d'action que l'on pourrait définir par les verbes exploser, éclater, éclabousser, gicler, grouiller. Dans son sillage, les peintres Hartung, Georges Mathieu, Camille Bryen, Henri Michaux, Riopelle, Soulages, Jean Degottex... De son côté Jean Dubuffet revendique un art brut*, le droit de peindre n'importe comment et condamne la culture savante.

Le refus de la figure

Le choix d'un langage hermétique n'est pas un hasard en cette période de terreur et de répression, même si les artistes qui l'emploient n'en sont pas toujours conscients. Chez eux, la résistance va se manifester par le rejet de toute tradition occidentale, humaniste et picturale, et se traduire par un refus de représenter la figure. En quête d'autres valeurs, ces jeunes artistes européens vont chercher à atteindre l'essence des choses en s'en remettant à l'inconscient, comme le faisait Kandinsky dès 1910 (*voir* pp. 38-39). Ils vont aussi explorer l'écriture automatique* des surréalistes* (1924),

naissance de la peinture moderne | œil impressionniste | optique néo-impressionniste

expérimenter la calligraphie orientale et se nourrir, pour certains, de philosophie bouddhiste. Au total, leur peinture ne représente plus rien. Ils font de leur acte même le sujet de la peinture.

Une peinture physique

Cette peinture toute physique met l'accent sur la pratique du peintre, le rôle de l'outil et le pouvoir de la matière. Elle trouve des correspondances dans la pensée philosophique de l'époque : dans *La Phénoménologie de la perception* (1945), Maurice Merleau-Ponty montre que notre corps est la condition de notre existence et de toute notre activité mentale et intellectuelle ; dans *L'Existentialisme*, Jean-Paul Sartre indique que l'homme est libre de se choisir ; au départ, il n'est rien, il se définit en se faisant (« *l'existence précède l'essence* »).

Autrement dit, l'artiste crée avec tout son corps et exprime l'expérience qu'il a des choses, plutôt que leur apparence. Sa peinture est comme la sténographie de sa pensée ; elle s'élabore au fur et à mesure qu'il peint. Elle ne dit pas, elle est. La nouvelle abstraction qui s'en remet au geste sera qualifiée selon les cas de « *lyrique** », d'« *informelle** » ou de « *tachiste* »*. Cet art instinctif qui veut faire table rase de tout héritage, sera la tendance dominante des années 1950. Contrairement aux artistes de COBRA* (1948-1951) il n'y a pas de mouvement structuré, seulement des attitudes et des expositions communes.

Fautrier, *La Juive*, 1943, musée d'Art moderne de la Ville de Paris.
Selon André Malraux, la peinture de Fautrier est « *la première tentative pour décharner la douleur contemporaine jusqu'à trouver ses idéogrammes pathétiques* ».

Sans foi ni loi, l'abstraction gestuelle en France, qualifiée d'« abstraction lyrique », d'« art informel » ou de « tachiste », ne raconte plus rien. Elle est, tout simplement.

L'Aile de papillon

Wols (1947)

Huile sur toile (55 x 46 cm),
musée national d'Art moderne, Centre Georges-Pompidou.

Histoire

En 1947, un jeune peintre allemand anti-nazi, réfugié en France, expose à la galerie René-Drouin, une série de peintures dont *L'Aile de papillon* (titre posthume). Cette exposition fait hurler, Wols ne montrant que des taches, des coulées, des projections de peinture ; en bref, rien de nommable. Les tableaux semblent avoir été l'objet d'une sorte de corps à corps au cours duquel Wols ne respecte plus aucune loi, hormis la sienne. « *La première chose que je chasse de ma vie, c'est la mémoire* », écrit Wols, et « *Voir, c'est fermer les yeux.* » L'automatisme gestuel auquel il se livre est consécutif à un état d'ascèse. Il n'y a plus recherche d'effets visuels, mais les perceptions du peintre devenues traces dans l'espace et la matière. La critique voit en lui l'inventeur du « tachisme* », le père fondateur d'une nouvelle abstraction. Son amitié avec Sartre contribue à faire de lui le peintre de « la peinture existentielle » tandis que son goût marqué pour Lao-Tseu* a fait dire qu'il était « *zen bien avant tout* ».

Participer

« *L'effort du peintre contemporain c'est de faire participer en participant, de se jeter lui-même dans la toile pour que nous y soyons jetés avec lui.* »
Jean-Paul Sartre.

naissance de la peinture moderne | œil impressionniste | optique néo-impressionniste

Tableau

La forme est ici tache, c'est-à-dire une manière d'être de la couleur que le hasard suffit à provoquer. L'artiste est réintervenu pour compléter cette forme spontanément surgie, par de la peinture directement sortie du tube, emprisonnant ainsi la forme-tache. Puis avec des accents noirs, des traces sombres du pinceau, il a violenté les taches colorées bleu léger et jaune lumineux, ponctué l'ensemble de quelques taches rouges, inscrit des signes épars au doigt et au manche du pinceau. Les traits, combinés aux taches de couleur, produisent un effet de mouvement et de dynamisme à l'intérieur des formes. L'ensemble suggère une diagonale, en lutte avec un espace cosmique, le chaos de l'univers.

À l'inverse de *l'action painting* américaine (*voir* pp. 48-49), Wols reste fidèle au médium-peinture traditionnel, à des formats raisonnables et ne couvre pas sa toile jusqu'au bord. La composition a un centre visible qui se détache du fond.

Commentaire

Wols se réfère à la nature qu'il altère et métamorphose malgré lui, cherchant par la conscience à rendre présent ce qu'on ne visualise pas et qui pourtant existe. Il s'exprime en ces termes : « *Mes peintures ne sont pas une révolte contre quoi que ce soit, peut-être ai-je appris à voir dans la nature des choses que vous n'êtes pas capables de voir* » et, montrant une profonde crevasse dans un trottoir, « *cette fissure est un de mes dessins. Cette crevasse est très belle parce qu'elle a été créée par la seule force qui soit réelle. Il est aisé pour l'homme de faire sauter la terre avec une bombe, mais il est incapable de la faire se mouvoir, se détacher ou prendre de nouvelles formes comme le fait la nature. (…) Tout ce que nous voyons est illusion d'optique (…) La plupart des gens ne voient qu'à moitié, n'absorbent qu'à moitié ce qu'ils voient. En fait, ils sont complètement aveugles : ils se permettent de voir que l'évident. Un artiste doit voir au-delà de l'évident…* »

Imiter la nature dans son opération

« *Imiter, décrire, représenter l'homme ou les autres choses, ce n'est pas imiter la nature dans son opération : c'est en imiter les produits. Si l'on veut se faire semblable à ce qui se produit, il faut au contraire exploiter l'entier domaine de notre sensibilité et de notre action, poursuivre les combinaisons de leurs éléments… L'artiste sommé de créer, empêché de recourir au souvenir des choses, couvre l'espace d'une végétation formelle qui ne ressemble à rien… Il ne peut songer à rappeler quoi que ce soit : il lui incombe au contraire d'appeler quelque chose.* » Paul Valéry.

L'atelier de Wols (1913-1951), c'est la toile. *L'Aile de papillon* matérialise l'instant où la pensée du peintre et son acte ne font qu'un.

L'expressionnisme abstrait américain

Cette peinture de géant est à l'image de l'Amérique et de ses vastes espaces. Elle enveloppe le spectateur qui entre dans un monde de pures sensations.

L'école de New York

Animée par des personnalités aussi différentes que Jackson Pollock, Arshile Gorky, Willem De Kooning, Adolph Gottlieb, Franz Kline, William Baziotes, Philip Guston, Robert Motherwell, Barnett Newman, Ad Reinhardt, Mark Rothko et Clyfford Still, l'école de New York n'est pas à proprement parler un mouvement constitué. Elle désigne l'art de ces jeunes artistes américains qui veulent créer, à partir d'une réalité spécifique à leur pays et à leur tempérament, une tradition picturale entièrement nouvelle. L'avant-garde européenne réfugiée à New York durant la Seconde Guerre mondiale donne l'impulsion et en particulier l'art des surréalistes regroupés autour d'André Breton (Masson, Tanguy, Miró, Ernst). De 1942 à 1947, Peggy Guggenheim les expose dans sa galerie baptisée *Art of this Century* en compagnie notamment de Pollock et de Rothko.

De l'expression à l'action

Peu sensibles au formalisme de l'abstraction géométrique*, ces artistes empruntent au surréalisme l'automatisme psychique* qui libère l'inconscient et permet d'atteindre aux sources les plus profondes de l'émotion humaine. Ils vont expérimenter de nouveaux matériaux (la peinture industrielle), de nouvelles techniques (comme le *dripping, voir* pp. 48-49), de nouveaux outils (pinceaux de peintre en bâtiment pour Kline, éponge de cuisine pour Gottlieb) et s'exprimer sur des formats monumentaux. À partir de 1950, cet expressionnisme abstrait se scinde en deux tendances : la première

naissance de la peinture moderne | œil impressionniste | optique néo-impressionniste

Rothko, *Browns over Dark, n°11*, 1963, huile sur toile, 2,25 x 1,72 m , musée national d'Art moderne. Dans les années 1960, Rothko réduit sa palette au noir et au brun et se place aux confins de la couleur et de la lumière, là où précisément les contours deviennent flous.

qualifiée par le critique Harold Rosenberg d'*action painting* (peinture d'action) privilégie l'automatisme gestuel (Pollock, Kline, Guston, De Kooning) ; la seconde dénommée *colorfield painting* (peinture du champ coloré), investit tout l'espace du champ pictural de matière colorée vibrante (Newman, Rothko, Gottlieb et Ad Reinhardt).

Rothko et la couleur

La couleur fut l'unique moyen d'expression de Mark Rothko. Dès 1947, ses surfaces colorées monumentales ne représentent rien et ne contiennent rien d'autre. Le peintre fera souvent référence à Matisse, jusqu'à y voir la source de toute son œuvre. Il adopte un format vertical où s'empilent deux ou trois formes rectangulaires dont les surfaces n'atteignent jamais les bordures des tableaux. Il oppose la clarté à l'obscurité, la transparence à l'opacité, la texture lisse à la touche apparente, la couleur froide à la couleur chaude. Par l'emploi de couches superposées de pigments, il obtient une profondeur indéfinissable qui invite à la contemplation. Avec la seule couleur, il aboutit à l'infini physique et sensoriel. Le spectateur pénètre dans cet univers silencieux irradié de lumière.

> De l'expression à l'action, à New York les expressionnistes abstraits font dans le gigantisme pour mieux nous immerger dans la peinture.

Number 26 A, Black and White

Jackson Pollock (1948)

Émail sur toile (2,08 x 1,21m), musée national d'Art moderne, Centre Georges-Pompidou.

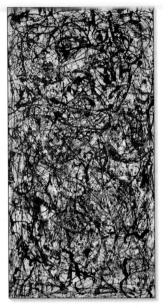

Théâtre

Le travail de Pollock fut rendu célèbre en 1950 grâce au film et aux photographies de Hans Namuth, qui le représentent en train de travailler dans son atelier.

Le mythe

La mort brutale de Pollock dans un accident de voiture contribua à alimenter la légende d'un peintre maudit. Le critique Clement Grennberg, en démontrant l'importance de sa démarche esthétique, tenta de mettre fin aux interprétations psychopathologiques de l'œuvre.

Histoire

Né dans l'Ouest américain, Pollock a le goût des grands espaces, s'intéresse à l'art des Indiens Navajos qui dessinent sur le sable des figures rituelles et expérimente la peinture murale des Mexicains. Désireux de s'éloigner de toutes références artistiques européennes, il décide de peindre à même le sol sur de très grandes toiles, d'utiliser des peintures industrielles, d'abandonner les pinceaux pour de simples bâtons qu'il trempe dans la peinture, puis qu'il agite sur toute la surface. Il utilise aussi des pots de peinture percés d'où il laisse dégouliner la peinture. « *Parfois, je verse la peinture directement de la boîte. J'aime employer une peinture fluide, que je fais égoutter* », dit Pollock. Ainsi naît en 1947, la technique du *dripping* (égouttage). Selon la fluidité de la matière qu'il mélange à du sable ou à de la poudre de verre, il obtient des effets de brillance ou de matité. La peinture s'organise toute seule sur la surface en fonction de sa densité. Le peintre n'intervient que selon un mouvement de va-et-vient, de balancement ou de tourbillon. Il cherche l'équilibre entre son geste et la liberté qu'il laisse à la matière.

naissance de la peinture moderne | œil impressionniste | optique néo-impressionniste

Tableau

Un réseau de lignes entrelacées, ponctuées de gouttes, de flaques, de taches se superposent et s'entremêlent jusqu'au bord du tableau.

Ce procédé de recouvrement de la totalité de la surface est désigné du terme de « *all over* ». Il suggère que la peinture peut être prolongée mentalement au-delà des limites de la toile, qu'elle n'est qu'un fragment d'un monde qui se poursuit au-delà. Impossible de dire vraiment par où commence et par où finit l'œuvre. L'œil dans ce labyrinthe de nœuds et d'écheveaux n'est jamais en repos et pourtant il ne démêle rien.

En fait le tableau ne montre pas d'image, il est comme une surface vibrante qui porte l'empreinte d'un moment de la vie de l'artiste, les traces de son geste et la durée de son action. Au final, l'œuvre évoque une sorte de maelström de matière primordiale en éruption.

Une peinture directe

« *Ma peinture est une peinture directe. Ma façon de peindre résulte de la croissance naturelle d'un besoin. Je veux exprimer mes sentiments plutôt que de les illustrer.* » Jackson Pollock.

Commentaire

À l'intérieur de la surface du support, Pollock peint avec tout son corps. Debout, il a une vision « aérienne » de son travail. Il laisse couler la peinture à distance de la toile. Il n'y a donc plus de touche ni de verticalité du tableau durant la genèse de l'œuvre. L'espace n'obéit plus aux lois de la pesanteur et le fond et la forme se confondent. L'œil qui ne parvient pas à démêler le réseau inextricable d'entrelacs prend conscience que cette profondeur physique est impénétrable et revient à la surface du plan avant de repartir pour une nouvelle exploration, sans fin. Cette perception impossible est au fondement de l'œuvre. « *Peu importe la manière dont la peinture est appliquée du moment que quelque chose a été dit* », déclare Pollock. Il voulait que ses « murs » de peinture enveloppent le spectateur. Son influence sera considérable sur tout l'art américain après 1945. « *Pollock brisa la glace* », dit Willem De Kooning.

Figure emblématique de l'expressionnisme abstrait, Pollock (1912-1956) se libère dans l'action. Avec *Number 26 A, Black and White*, il laisse faire la peinture qui prend alors l'aspect d'une jungle.

La fin des images

Pour donner forme à son énergie pulsionnelle, le peintre a pris des risques. En 1950, il aboutit à la fin des images.

La spontanéité

« *La spontanéité exprime la volonté d'atteindre un état subjectif plus profond que celui qui résulterait de la réflexion* », écrit l'historien d'art Harold Rosenberg. De l'impression optique des années 1870, à l'impression sensible des années 1880, de l'impressionnisme « extérieur » à l'expressionnisme « intérieur » (figuratif au début du XXᵉ siècle, puis abstrait après 1945), tous les peintres qui ont choisi d'accorder la priorité à l'émotion ont opté pour un art spontané, subjectif, plus apte à dévoiler leur vérité. Le propre de cet art, c'est l'individualisme ; au sein de chaque école, chacun s'est exprimé librement : ainsi de l'impressionnisme, du néo-impressionnisme, du fauvisme, de l'expressionnisme allemand et des nouvelles abstractions française et américaine.

Une libération

Pour donner forme à ses perceptions visuelles et sensibles, le peintre a dû inventer son propre langage, et donc se défaire des conventions picturales en vigueur, jusqu'à mettre la couleur dans tous ses états. Il a réinventé le geste même du peintre qui est passé de la main au poignet, puis à l'avant-bras, enfin à tout le corps. Les petites touches colorées du jeune Monet ont laissé place aux aplats de Matisse qui se sont eux-mêmes métamorphosés en surfaces murales avec Rothko. Dans tous les cas pourtant, la couleur reste « vibrante ». Il lui incombe de restituer l'idée d'un monde vivant, celui du peintre et de son geste. Chaque audace en entraînant une autre, à leur point d'arrivée, la couleur et le geste constituent les seuls sujets de la peinture.

naissance de la peinture moderne | œil impressionniste | optique néo-impressionniste

Créer c'est innover

« *En art, la perfection n'existe pas. Et les moments de stagnation apparaissent toujours lorsque les artistes d'une période se contentent de reprendre les travaux de leurs prédécesseurs là où ces derniers les ont laissés et d'essayer de poursuivre sur cette lancée. Mais lorsqu'on emprunte quelque chose à une peinture plus ancienne et qu'on l'adapte à son propre travail, cela peut constituer une approche créatrice. Le résultat n'est pas nouveau mais il y a innovation, dans la mesure où c'est une approche différente* », explique le peintre Marcel Duchamp.

La fin des images

Les plus grands peintres à avoir privilégié l'expression par la couleur et le geste (au point de les confondre) sont Delacroix, Monet, Seurat, Van Gogh, Gauguin, Matisse, Kandinsky, Wols, Pollock et Rothko. Dans leur parti pris de singularité, leur volonté de rupture, l'importance accordée à leur ego, ils ont franchi et fait franchir à la peinture différentes étapes qui devaient la conduire à terme à la fin des images. Désormais, plus de sujet, sinon celui de la peinture ; plus de tableau de chevalet mais une invitation *à rentrer* dans la peinture selon le terme de Matisse. Cette expérience inaugurée par Monet avec *Les Nymphéas* (*voir* pp. 40-41), trouve son aboutissement à New York. La toile n'est plus seulement une arène où se joue la vie de l'artiste, elle devient la vie réelle. On y pénètre avec tout son corps comme dans un environnement. Voilà la porte ouverte à d'autres audaces qui prendront le relais : *happening, land-art, performance…*

Sam Francis, *In lovely blueness*, 1955, musée national d'Art moderne CGP (3 m x 7 m). Californien, Sam Francis se rend à Paris en 1950. Il y découvre l'œuvre de Matisse, de Bonnard et surtout les *Nymphéas* de Monet à l'Orangerie. Aussitôt après, il introduit la couleur dans sa peinture, couvrant la surface de ses très grandes toiles d'un voile de brume aux contours indistincts qui rappelle le cycle de Monet.

> Ne plus limiter l'action à la toile pour investir toujours de plus grands espaces devait conduire à la fin des images et transformer la peinture en théâtre.

La peinture et ses correspondances

Kandinsky s'exprime sur Debussy et sur Schoenberg. À la suite des peintres expressionnistes allemands, la musique, la poésie, le théâtre, la littérature et le cinéma vont développer ce qu'on appelle le style expressionniste.

La musique

« *Debussy est comparé parfois très justement aux impressionnistes, car on prétend que, de la même manière que ces peintres, il interprète librement la nature dans ses compositions, à grands traits personnels. La vérité de cette affirmation n'est qu'un exemple du profit réciproque que les différentes branches de l'art tirent les unes les autres, ainsi que de l'identité de leurs buts. Il serait cependant téméraire de prétendre que cette définition suffit à rendre compte de l'importance de Debussy. Malgré cette affinité avec les impressionnistes, il est si fortement tourné vers le contenu intérieur que l'on reconnaît immédiatement dans ses œuvres le son fêlé de l'âme actuelle avec toutes ses souffrances et ses nerfs ébranlés* ».

« *Avec un refus total du beau habituel, saluant comme sacrés tous les moyens d'expression personnelle, le compositeur viennois Arnold Schoenberg a découvert certains trésors de la nouvelle beauté. Sa musique nous introduit à un Royaume où les émotions musicales ne sont pas acoustiques mais purement spirituelles. Ici commence la musique de l'avenir.* » (*Du spirituel dans l'art*, Kandinsky, 1911.)

De Schoenberg, on pourra écouter *l'Opus 11* (1909), une œuvre où le compositeur se libère de la tonalité traditionnelle ; *l'Opus 16* (plusieurs timbres à partir d'un même accord) et *l'Opus 17, Ewartung* (1909) pour son atmosphère macabre et hystérique, la traduction de tous les états émotionnels : crainte, angoisses, jalousies, souvenirs…

L'art selon Guillaume II

« *On néglige trop souvent l'Allemagne impériale lorsqu'on examine et qu'on représente l'expressionnisme. Régnait un empereur quasi dictatorial, un mégalomane qui statuait :* « *Un art qui se met au-dessus des lois et des limites instituées par Moi n'est plus un art.* » Kurt Pinthus, éditeur de la première anthologie de poèmes expressionnistes *Crépuscule et aurore de l'humanité*, 1920.

naissance de la peinture moderne | œil impressionniste | optique néo-impressionniste

La poésie et la littérature

La première anthologie de la poésie expressionniste intitulée *Crépuscule et aurore de l'humanité* éditée par Kurt Pinthus (1919) réunit, entre autres, la poétesse Else Lasker-Schüler, le Berlinois Beorg Heym, l'Alsacien Ernst Stadler et l'Autrichien Georg Trakl. Cette nouvelle poésie relève à la fois du théâtre et du cabaret.

La première œuvre dramatique de l'expressionnisme est *Assassin, espoir des femmes* de Kokoschka, publiée dans *Der Sturm* (*L'Orage*) en 1910. En littérature, il faut mentionner Heinrich Mann (*Professor Unrat*), Alfred Döblin (*Le Rideau noir*), Robert Musil (*L'Homme sans qualités*) et Franz Kafka (*La Métamorphose*).

Photographie extraite du film *Le Cabinet du docteur Caligari* (Robert Wiene, 1920).

Le cinéma

Le premier film expressionniste est *Le Cabinet du docteur Caligari* en 1919, mis en scène par Robert Wiene. Le tournage intégral en studio est une des caractéristiques du cinéma expressionniste allemand qui doit tout au décor. *Nosferatu* (1921-1922), film de F. W. Murnau, tourné dans des extérieurs naturels, n'a, quant à lui, d'expressionniste que le jeu des acteurs. À signaler le *Jack l'Éventreur* de Paul Leni (1924) d'un expressionnisme quasi total : chaos de formes, choc des lumières et ténèbres infernales. Dans les années 1925/1930, on retrouvera des survivances du genre : *Metropolis* de Fritz Lang (1926) et *L'Ange bleu* de Joseph von Sternberg (1930).

> Un style de peinture peut trouver des correspondances avec toutes les formes d'expression : musique, poésie, littérature, cinéma en attestent.

Le point de vue des peintres

« Il n'y a pas plus de contours qu'il n'y a de touches dans la nature. (…) La touche est un moyen comme un autre de contribuer à rendre la pensée dans la peinture. »
Eugène Delacroix.

« La technique d'un art comporte un langage et une logique. La ligne et le modelé n'existent point. Le dessin est un rapport de contraste ou simplement le rapport de deux tons, le blanc et le noir. Le dessin pur est une abstraction. Plus la couleur s'harmonise, plus le dessin va se préciser. Contrastes et rapports de tons, voilà tout le secret du dessin et du modelé. »
Paul Cézanne.

« Dire que la couleur est redevenue expressive, c'est faire son histoire. Pendant longtemps, elle ne fut qu'un complément du dessin. Raphaël, Mantegna ou Dürer, comme tous les peintres de la Renaissance, construisent par le dessin et ajoutent ensuite la couleur locale. Au contraire, les Primitifs italiens et surtout les orientaux avaient fait de la couleur un moyen d'expression. (…) De Delacroix à Van Gogh et à Gauguin en passant par les impressionnistes qui font du déblaiement et par Cézanne qui donne l'impulsion définitive et introduit les volumes colorés, on peut suivre cette réhabilitation du rôle de la couleur, la restitution de son pouvoir émotif. »
Henri Matisse.

« J'obtiens par des arrangements de lignes et de couleurs avec le prétexte d'un sujet quelconque emprunté à la vie ou à la nature, des symphonies, des harmonies ne représentant rien d'absolument réel au sens vulgaire du mot, n'exprimant directement aucune idée, mais qui doivent faire penser comme la musique fait penser, sans le secours des idées ou des images, simplement par les affinités mystérieuses qui sont entre nos cerveaux et tels arrangements de couleurs et de lignes. »
Paul Gauguin.

« Les couleurs ont une beauté propre qu'il s'agit de préserver comme en musique on cherche à conserver les timbres. »
Henri Matisse.

« N'est-il pas un artiste, celui qui s'efforce de créer l'unité dans la variété par les rythmes des teintes et des tons et qui met sa science au service de ses sensations ? » Paul Signac.

« L'art du coloriste tient évidemment par certains côtés aux mathématiques et à la musique. »
Eugène Delacroix.

« Le fauvisme est la première recherche d'une synthèse expressive. (…) Il est venu du fait que nous nous placions loin des couleurs d'imitation, et qu'avec des couleurs pures nous obtenions des réactions plus fortes, des réactions simultanées plus évidentes. »
Henri Matisse.

« Le fauvisme a été pour nous l'épreuve du feu. Le grand mérite de cette épreuve fut d'affranchir le tableau de tout contact imitatif et conventionnel. (…) Ces fils télégraphiques, il faudrait les faire énormes ; il passe tant de choses là-dedans. » André Derain.

« Les moyens de rendre l'impression reçue doivent être personnels et indépendants des formes existantes. Ainsi il est faux de penser son œuvre et puis de la copier sur nature. Il faut que la nature, la vie vous inspire par une impression purement physique, les moyens de rendre cette impression sont en vous et non dans la nature. »
Marianne von Werefkin, artiste russe, amie des peintres de Munich (1912).

« Aujourd'hui, nous cherchons derrière le voile des apparences les choses cachées dans la nature qui nous paraissent plus importantes que les découvertes des impressionnistes. (…) Nous cherchons à peindre l'aspect intérieur,

naissance de la peinture moderne | œil impressionniste | optique néo-impressionniste

spirituel de la nature, non par caprice ou par désir de nouveauté, mais parce que nous voyons cet aspect, comme précédemment on « vit » soudain les ombres violettes et l'atmosphère enveloppant des choses. »
Franz Marc (1918).

« Nous partons de l'idée que l'artiste, en dehors des impressions qu'il reçoit du monde extérieur, de la nature, accumule continuellement des expériences dans son monde intérieur. » Kandinsky et Marc (1909).

« Je sens par la couleur, c'est donc par elle que ma toile sera toujours organisée. Encore convient-il cependant que les sensations soient condensées et que les moyens utilisés soient portés à leur maximum d'expression. » Henri Matisse.

« Puisque nous cherchons à transposer la nature intérieure à savoir les expériences de l'âme..., il serait erroné de mesurer nos œuvres aux canons de la beauté extérieure. » Wassily Kandinsky (1910).

« En 1941, impossible de peindre encore des fleurs, des figures et des hommes. La question était de savoir ce qui était encore possible. » Barnett Newman.

« Si Rembrandt ou Vélasquez révèlent dans certaines de leurs peintures de furieux coups de pinceaux, si à partir de Manet l'importance accordée à la touche va croissant avec l'impressionnisme et le fauvisme, jamais en Occident l'on n'avait accordé au geste, c'est-à-dire à la trace... une telle importance. » Georges Mathieu.

« Ce qui m'intéresse ce n'est pas le geste, c'est son incarnation picturale. » Pierre Soulages.

« Et non seulement ces œuvres ne "représentent" plus rien, mais elles ne tendent plus à exprimer. C'est leur seule existence qui affirme les nouvelles possibilités d'être. » Camille Bryen.

« Je cherche à découvrir l'exaltation de la vie, de la terre, l'équilibre dans l'imagination, l'angoisse et ce plaisir dans le thème du désir. » André Masson.

« En art, pas de politesse, c'est du désir brut. » Cobra.

« C'est comme si la réalité était continuellement derrière des rideaux qu'on arrache... Il y en a encore une autre... toujours une autre... plus on s'approche, plus la chose s'éloigne. C'est une quête sans fin. » Giacometti.

« L'espace pictural est un mur, mais tous les oiseaux du monde y volent librement. À toutes les profondeurs. » Nicolas de Staël.

« L'abstrait qui pénètre tout est insaisissable. À chaque instant, dans chaque chose, l'éternité est là. » Wols.

« Un peintre doit être un chercheur, un inventeur perpétuel parce que la compréhension de ses tableaux serait l'enterrement de sa vie active. » Rauschenberg.

« L'art est une philosophie, c'est une appréciation de la vie, un commentaire à la vie. (...) L'art c'est la pensée artistique en prise avec les événements de la réalité ; comme la science sert à expliquer la vie, l'art sert à la commenter. La science donne son commentaire aux faits de la vie, l'art y met un pourquoi. Le vrai art est celui qui rend l'âme des choses – et cette âme-là est l'artiste. C'est l'artiste qui fait l'âme des choses, c'est son œil qui l'y met. Voilà pourquoi l'art est personnel et la science ne l'est pas. Je donne mon pourquoi aux choses que la vie m'a montrées – voilà le credo de l'artiste. (...) L'œuvre copiée sur la vie n'est pas une œuvre d'art. L'œuvre imaginée hors la vie est une œuvre malade. Il n'y a qu'une mesure pour apprécier l'œuvre d'art, c'est en combien l'artiste s'est rendu maître de la vie. » Marianne von Verefkin.

Glossaire

Abstraction géométrique : art réduit aux seules composantes géométriques, dont les pionniers sont le Néerlandais Mondrian et le Russe Malévitch (vers 1912).

Abstraction lyrique ou gestuelle : tendance issue de Kandinsky qui vise à l'expression directe de l'émotion individuelle. Terme employé en 1947 par le critique Pierre Restany, pour désigner l'art abstrait qui refuse les contraintes de la géométrie (*voir art informel et tachisme*).

Académisme : désigne l'art officiel du second Empire et de la IIIe République, qualifié péjorativement de pompier.

Alla prima, **(de l'italien « du premier coup »)** : procédé pictural systématique des peintres impressionnistes et expressionnistes, consistant à peindre le tableau en une seule fois, sans esquisse préparatoire.

Art abstrait : dans le langage usuel, qui s'oppose à la figuration.

Art brut : fondée en 1948 par Jean Dubuffet, *La compagnie de l'Art brut* présentait des « productions de toute espèce présentant un caractère spontané et fortement inventif ayant pour auteurs des personnes étrangères aux milieux artistiques professionnels ».

Art informel : terme employé par l'écrivain Jean Paulhan pour désigner la nouvelle abstraction apparue en France durant la Seconde Guerre mondiale dont les formes ne renvoient à rien de connu.

Barbizon : école de paysagistes français regroupés près de la forêt de Fontainebleau à partir de 1822, à l'origine de la peinture de plein air développée par les impressionnistes.

Bauhaus : école d'architecture et des arts et métiers fondée en 1919 par Walter Gropius à Weimar, qui enseignait de façon théorique et pratique la synthèse des arts plastiques, de l'artisanat et de l'industrie.

Cobra : le terme est constitué des premières lettres de Copenhague, Bruxelles, Amsterdam. Sous cette appellation, le groupe (1948-1951) réunit le Danois Asger Jorn, les Hollandais Appel, Corneille et Constant, les Belges Dotremont et Noiret. En remettant « *l'art, comme il était à son origine, sur la base des sens,* déclare Jorn, *il s'agit pour tous de renouer avec l'inconscient collectif, et de faire resurgir ainsi une "autre culture", enfouie, anonyme, authentique celle-là.* » Ils sont rejoints par Jean-Michel Atlan, puis par Alechinsky et d'autres. « *Une bonne grosse tache de couleur prend toute sa valeur. Elle est comme un cri de la matière.* » écrit Dotremont. Tachiste, matiériste, abstrait gestuel, surréaliste, Cobra s'inspire de toutes les formes d'art populaire et collectif (préhistoire scandinave, art des enfants, des naïfs, de la rue…).

Couleurs :
- les couleurs primaires : le rouge, le jaune et le bleu, sont à la base de toutes les autres.
- Les couleurs secondaires résultent d'un mélange de deux couleurs primaires (bleu + jaune = vert ; rouge + jaune = orange, bleu + rouge = violet).
- Les couleurs complémentaires fonctionnent par opposition : le vert est la complémentaire du rouge ; l'orange est la complémentaire du bleu ; le violet est la complémentaire du jaune.

Cubisme : art expérimental issu de Cézanne et élaboré par Braque et Picasso de 1907 à 1914 qui consiste à représenter le

naissance de la peinture moderne | œil impressionniste | optique néo-impressionniste

plus exactement possible la réalité en montrant simultanément les différentes faces d'un volume sur une surface plane.

Dadaïsme : mouvement « destructeur » né à Zürich en 1916 qui va trouver des correspondances à New York et se diffuser en Allemagne. (Marcel Duchamp, Picabia, Haussman, Schwitters, Ernst, Arp…). Il connaîtra son apogée à Paris où il prend fin en 1923 pour laisser place au surréalisme.

École de Paris : désigne les artistes d'origine étrangère établis à Paris au début du XXe siècle et jusqu'à la Libération. Parmi eux le peintre expressionniste Chaïm Soutine, d'origine lituanienne (1894-1943).

Écriture automatique (ou automatisme psychique) : procédé recommandé par le surréaliste André Breton en 1921, qui consiste à s'en remettre à l'inconscient et à transcrire spontanément « cette pensée parlée », sans contrôle de la raison. Les peintres Max Ernst et André Masson appliquent ce procédé dès 1925 et le font connaître à New York, où ils s'exilent durant la Seconde Guerre mondiale.

Lao-Tseu : philosophe chinois du VIe ou Ve siècle av. J.-C. Les taoïstes prétendent que sa doctrine est à l'origine du bouddhisme.

Nabis : (signifie « prophètes » en hébreu). Groupe symboliste constitué dans le sillage de Gauguin entre 1889 et 1900 réunissant les peintres Bonnard, Denis, Sérusier, Vuillard, Valotton… qui voulaient mêler l'art à la vie et abolir les distinctions entre art majeur et art mineur (artisanat).

Naturalisme : tendance dominante de l'art de la seconde moitié du XIXe siècle qui s'applique à reproduire fidèlement la réalité.

Peinture de plein air : par opposition à la peinture d'atelier.

Purisme : mouvement initié à partir de 1918 par Ozenfant et Jeanneret (Le Corbusier), qui voulait interdire à la peinture toute liberté gratuite pour adopter une sorte de perfection plastique et bannissait de l'œuvre tout accident susceptible de nuire à sa pureté.

Salon : exposition périodique, annuelle ou bisanuelle, d'œuvres d'artistes vivants qui se tenait au Louvre du XVIIe siècle au XIXe siècle.

Sécession : signifie l'action de se séparer d'un groupe auquel on appartenait. À Munich (1892), Vienne (1897), Berlin (1898), les jeunes peintres modernes tournent résolument le dos à l'art qui se pratique dans les académies officielles.

Surréalisme : mouvement officialisé par André Breton en 1924, qui consiste à explorer les contrées étranges de l'inconscient dévoilées par Freud. Il s'agit de faire surgir des profondeurs « la parole intérieure » qui est une autre réalité, une « surréalité » plus vraie.

Tachisme : mot appliqué à l'art des années 1950 en France dont Wols et Hartung sont les précurseurs. Le terme désigne un aspect de l'art non figuratif où un rôle important est joué par la tache. Celle-ci s'entend au sens d'éclaboussure et fait intervenir le hasard et l'énergie investie dans les gestes de l'artiste. Le tachisme s'apparente à l'*action painting* américaine et s'oppose à la « froide » abstraction géométrique (*voir aussi* : art informel et abstraction lyrique ou gestuelle).

Ton local : imite la couleur des objets naturels.

Rétrospective historique
(des mouvements et des œuvres mentionnés dans cet Essentiel Milan)

Naissance de l'art moderne

1861	Manet, *Jardin aux Tuileries*
1863	Manet, *Le Bain* – mort de Delacroix – Baudelaire, *Le Peintre de la vie moderne*
1864	Fantin-Latour, *Hommage à Delacroix*

Impressionnisme

1865	Monet, *Le Déjeuner sur l'herbe*
1867	Monet, *Femmes au jardin* – Manet rebaptise *Le Bain, Le Déjeuner sur l'herbe* – Mort de Baudelaire
1869	Monet et Renoir à Bougival : *La Grenouillère*
1870-71	Guerre franco-prussienne – la Commune
1872	Monet, *Impression, soleil levant*
1874	Naissance officielle de l'impressionnisme (exposition chez Nadar)
1876	Renoir, *La Balançoire, Le Bal du moulin de la Galette*
1878	Monet, *La rue Montorgueil à Paris*
1883	Mort d'Édouard Manet (dispersion du groupe impressionniste)
1886	Dernière exposition impressionniste

Post-impressionnisme

1886	Naissance du néo-impressionnisme et du symbolisme – arrivée de Van Gogh à Paris, Gauguin à Pont-Aven, Cézanne à Aix-en-Provence. Degas peint *Le Tub*
1887	Seurat, *Poseuses de dos*
1888	Van Gogh et Gauguin à Arles – naissance du groupe Nabi – période synthétique de Cézanne
1889	Mort d'Eugène Chevreul, réédition de son livre
1890	Van Gogh, *L'Église d'Auvers* – mort de Van Gogh
1891	Seurat, *Le Cirque* – mort de Seurat – Cross, *Les Îles d'or*
1893	Le néo-impressionnisme de Signac et de Cross – (Munch, *Le Cri*)
1899	Signac, *De Delacroix au néo-impressionnisme*
1900	Dispersion du groupe Nabi
1901	Mort de Toulouse-Lautrec
1903	Mort de Gauguin

Fauvisme

1904	Matisse, *Luxe, calme et volupté* – Derain, *Le Pont de Chatou*
1905	Naissance officielle du fauvisme (salon d'automne)
1906	Mort de Cézanne
1907	Naissance du cubisme (Picasso *Les Demoiselles d'Avignon*)
1908	Fin du fauvisme
1909	Matisse, *L'Algérienne* – Naissance du futurisme italien

naissance de la peinture moderne | œil impressionniste | optique néo-impressionniste

Expressionnisme allemand

1905	*Die Brücke*
1908	Kokoschka, *Piéta*
1910	Kandinsky, 1re aquarelle abstraite – Schoenberg, *Le Regard rouge*
1911	*Der Blaue Reiter* – Kandinsky, *Du spirituel dans l'art*
1912	Kandinsky, *Avec l'arc noir*
1914	Première Guerre mondiale – fin du cubisme historique – dispersion des expression-nistes
1915	Kirchner, *La Tour rouge à Halle*
1916	Naissance du dadaïsme à Zurich
1918	Naissance du purisme
1919	Naissance du *Bauhaus* à Weimar

L'abstraction gestuelle en France (art informel ou tachisme)

1916	Monet, *les Nymphéas bleus*
1921	Breton invente l'écriture automatique
1922	Monet, *La Maison de l'artiste*
1924	Naissance du surréalisme
1925	Max Ernst et André Masson appliquent le procédé de l'automatisme psychique dans leurs tableaux
1926	Mort de Monet
1927	Inauguration de l'Orangerie (cycles des « *Nymphéas* » de Monet)
1937	Picasso, *Guernica*
1940	Seconde Guerre mondiale – Exil des artistes aux États-Unis
1941	Mort de Delaunay
1943	Fautrier, *La Juive*
1944	Mort de Kandinsky et

de Mondrian – 1res œuvres tachistes de Wols – *Têtes d'otages* de Fautrier

1947	Wols, *L'Aile de papillon* – Dubuffet, *portraits* – Soulages et ses premières peintures au brou de noix
1948	Naissance du groupe Cobra
1949	Première exposition de l'Art Brut
1951	Mort de Wols – exposition « Véhémences confrontées » à Paris - *Texturologies* de Dubuffet – décors de Matisse à la chapelle de Vence
1954	Mort de Matisse

Expressionnisme abstrait américain

1942	Première exposition de Peggy Guggenheim dans sa galerie *Art of this century*
1945-47	Naissance de l'école de New York ou expression-nisme abstrait
1949	Pollock, *n° 26, black and white*
1950	L'école de New York se scinde en deux tendances : *action painting* (Pollock, Kline, Guston, De Kooning) et *colorfield painting* (Rothko, Newman, Gottlieb, Ad Reinhardt)
1951	Sam Francis, *In lovely blueness*
1956	Mort de Pollock
1960	Naissance du pop art
1970	Mort de Rothko.

Bibliographie sommaire

Généralités

BAUDELAIRE (Charles),
Écrits esthétiques,
coll. « 10/18 », 1986.
BRUSATIN (Manlio),
Histoire des couleurs,
coll. « Champ / Flammarion », 1996.
DELACROIX (Eugène),
Écrits sur l'art, Séguier, 1988
et *Journal 1822-1863*, Plon 1996.
MATISSE (Henri), *Écrits et propos
sur l'art*, Savoir/Hermann, 1986.
MERLEAU-PONTY (Maurice),
Phénoménologie de la perception,
Tel-Gallimard, 1987.
ROSENBLUM (Robert),
La Peinture au musée d'Orsay,
Nathan, 1989.
SHITAO,
*Les propos sur la peinture
du moine Citrouille-amère*,
Savoir/Hermann, 1984.
VERGELY (Bertrand),
Le Dico de la philosophie,
Milan, 1998.

Manet

CACHIN (Françoise),
Manet, peintre de la vie moderne,
Découvertes Gallimard, 1994.
DARRAGON (Eric),
Manet, Pluriel/Fayard, 1989.
PICON (Gaëtan),
1863, naissance de l'art moderne,
Folio, 1996.

Impressionnisme

LOYRETTE (Henri),
*impressionnisme, les origines
1859-1869*, cat. exposition
du Grand-Palais, RMN Paris, 1994.
LEYMARIE (Jean),
L'impressionnisme (2 vol.),
Skira, Le goût de notre temps,
1959.
CASSOU (Jean),
L'impressionnisme,
Universalis.
CLAY (Jean),
L'impressionnisme,
Hachette, 1981.

Néo-impressionnisme

JAUBERT (Alain),
Un dimanche à la Grande Jatte,
Palettes, L'infini-Gallimard, 1998.
LEBENSZTEJN (Jean-Claude),
Chahut,
Hazan, 1989.
MADELEINE PERDRILLAT (Alain),
Seurat, Skira, 1990.
REWALD (John),
Seurat, Flammarion 1991.
SIGNAC (Paul),
*D'Eugène Delacroix
au néo-impressionnisme*,
Savoir/Hermann, 1987.
Seurat, Hors-série de la revue
Beaux-Arts Magazine, 1991.
Seurat, catalogue de l'exposition du
Grand-Palais, RMN, Paris, 1991.

naissance de la
peinture moderne | œil
impressionniste | optique néo-
impressionniste

Fauvisme

LEYMARIE (Jean),
Le Fauvisme, Skira.
CHALUMEAU (Jean-Luc),
Le Fauvisme, Cercle d'art.
FERRIER (Lean-Louis),
Les Fauves : le règne de la couleur,
Terrail.
GIRARD (Xavier),
Matisse, Une splendeur inouïe,
Découvertes Gallimard, 1993.
Derain, Le Peintre du trouble
catalogue du musée d'Art moderne
de la ville de Paris, 1994.
Matisse, une rétrospective,
catalogue du musée national
d'Art moderne, 1993.

Expressionnisme allemand

ELGER (Dietmar),
Expressionnisme,
Taschen, 1988.
KANDINSKY (Wassily),
Du spirituel dans l'art,
Folio, 1989.
VALLIER (Dora),
La rencontre Kandinsky- Schoenberg,
L'Échoppe, 1990.

*Dresde, Munich, Berlin :
l'expressionnisme
en Allemagne 1905-1914*, catalogue
du musée d'Art moderne de la Ville
de Paris, 1992-1993.
Schöenberg, Regards, catalogue
du musée d'Art moderne de la Ville
de Paris, 1995.
*Vienne 1880-1938, L'Apocalypse
Joyeuse*, catalogue du musée national
d'Art moderne, 1986.

Abstraction expressionniste

BONNEFOI (Geneviève),
Les années fertiles, 1940-1960,
Paris 1988.
LIÈVRE-CROSSON (Élisabeth),
Wols, mort ou vif in *Beaux-Arts
magazine* n° 76, février 1990 –
Wols, vert cache rouge, in *Artpress*,
avril 1990 - *Wols au kunsthaus
de Zürich*, in *Opus International*,
mars/avril 1990.
MATHIEU (Georges), Au-delà du
tachisme, Julliard, 1963 .
STOULIG (Claire),
L'Abstraction des années 50,
Parcours des collections
permanentes du Centre
Georges-Pompidou, Paris, 1987.

Fautrier (1898-1964), musée d'Art
moderne de la ville de Paris, 1989.
*L'Art en Europe : les années décisives
1945-1953*, *Skira, Genève, 1987.*
Les Années 50, Centre
Georges-Pompidou, 1988.
Monet au XXe siècle,
Royal Academy of Art, Londres
et *Museum of Fine Arts*, Boston,
Flammarion, 1999.
Paris 1937-Paris 1957, Centre
Georges-Pompidou, 1981,
Gallimard, 1992.
Paris-New York,
Centre Georges-Pompidou, 1977,
Gallimard, 1992.
Pollock, Tate Gallery,
Londres, 1999.
Marc Rothko, musée d'Art moderne
de la Ville de Paris, 1999.

Table des illustrations

naissance de la peinture moderne | œil impressionniste | optique néo-impressionniste

Index des noms

*Le numéro de renvoi correspond
à la double page.*

réaction
expressionniste   abstraction
expressionniste   approfondir   De l'impressionnisme
à l'expressionnisme 63

Dans la collection *Les Essentiels Milan,* derniers titres parus :

Responsable éditorial
Bernard Garaude
Directeur de collection – Édition
Dominique Auzel
Collaboration
Karine Pouymayou
Correction – révision
Didier Dalem
Iconographie
Anne-Sophie Hedan
Conception graphique
Bruno Douin
Maquette
Didier Gatepaille
Fabrication
Isabelle Gaudon
Magali Martin

Crédit photos

Voir table des illustrations p. 62.
Akg : pp. 35, 36, 40-41/Giraudon :
pp. 4, 7, 8, 11, 12, 17, 22, 25, 26
Bridgeman-Giraudon : pp. 3
Flammarion-Giraudon : pp. 30-31
Lauros-Giraudon : pp. 15, 18, 21, 43, 48,
51/musée d'Art moderne de la Ville de
Paris : pp. 30-31, 43/musée Marmottan-
Claude Monet : pp. 11/musée National
d'Art Moderne-Centre Georges-
Pompidou : pp. 29, 32, 39, 44, 47/
cinémathèque de Toulouse : pp. 53.

*Les erreurs ou omissions
involontaires qui auraient pu
subsister dans cet ouvrage malgré
les soins et les contrôles de l'équipe
de rédaction ne sauraient engager
la responsabilité de l'éditeur.*

© 1999 Éditions MILAN
**300, rue Léon-Joulin,
31101 Toulouse cedex 9 France**

ISBN : 2-7459-1092-2
Imprimé en France
Aubin Imprimeur
D.L. : mars 2003